NOUVELLE
REVUE HISTORIQUE

DE
DROIT FRANÇAIS ET ÉTRANGER

PUBLIÉE SOUS LA DIRECTION DE MM.

R. DARESTE

Membre de l'Institut,
Conseiller honoraire
à la Cour de Cassation.

A. ESMEIN

Membre de l'Institut,
Professeur
à la Faculté de droit de Paris,
Président de section à l'Ecole
pratique des Hautes-Etudes

G. APPERT

Docteur en droit.

J. TARDIF

Docteur en droit,
Archiviste-Paléographe.

M. PROU

Membre de l'Institut,
Professeur
à l'Ecole des Chartes.

P. DARESTE

Docteur en droit.

SECRÉTAIRE DE LA RÉDACTION

Félix SENN

Professeur agrégé à la Faculté de droit de Nancy

PRIX DE L'ABONNEMENT ANNUEL

Pour la France............................. **18 fr.**
Pour l'Étranger........................... **19 fr.**

LE
VADIMONIUM
SOUS LES ACTIONS DE LA LOI

Par L. DEBRAY

Professeur à la Faculté de droit de l'Université de Caen

LIBRAIRIE

DE LA SOCIÉTÉ DU

RECUEIL SIREY

22, rue Soufflot, PARIS, 5e arrond.

L. LAROSE & L. TENIN, Directeurs

1910

LE

VADIMONIUM

SOUS LES ACTIONS DE LA LOI [1]

I

Nous possédons bien peu de documents qui nous permettent de faire du *vadimonium* sous les actions de la loi un portrait quelque peu ressemblant : d'abord quelques textes datant du vi^e siècle de Rome (2), d'une époque où le système des actions de la loi était peut-être le seul en vigueur ; puis, d'autres textes, émanant d'écrivains postérieurs (3) il est vrai, mais

(1) A propos de quelques publications : Lenel, *Das Nexum*, dans *Zeitschrift der Savigny-Stiftung für Rechtsgeschichte*, t, 23, 1902, R. A., p. 84-99 ; Mitteis, *Ueber die Herkunft der Stipulation. Eine Hypothese*, dans *Aus römischem und bürgerlichem Recht* (Mélanges Bekker), Weimar, 1907, p. 107-142 ; Fliniaux, *Le Vadimonium*, Paris, 1908 (Thèse de doctorat de la Faculté de droit de Paris). On ne s'attendra donc pas à trouver dans ce travail un exposé complet et méthodique du *vadimonium* sous les actions de la loi. Nous avons seulement voulu, tant au point de vue des sources à utiliser que des solutions qui en découlent, indiquer un certain nombre de points susceptibles d'être précisés ou discutés sur l'ancien *vadimonium*, le *vas* et, à son occasion, le *praes* et le *sponsor*.

(2) Tous de Plaute (édit. Goetz, et Schoell), *Aulularia*, 318-319 ; *Bacchides*, 180 ; *Curculio*, 162-164 ; *Epidicus*, 685 ; *Persa*, 289 ; *Rudens*, 777-778.

(3) Cicéron, (édit. Mueller), *Epistulae ad Brutum*, I, 18, 3 ; *De finibus*, II, § 79 ; *Tusculanae*, V, § 63 ; *De re publica*, II, § 61 ; *De officiis*, III, § 45 ; Salluste (édit. Eussner), *Jugurtha*, XXXV, 9 ; Denys d'Halicarnasse (édit. Jacoby), X, 8 ; Varron, *De lingua latina*, VI, 74, dans *Fontes juris romani antiqui* de Bruns, 7e édit. par Gradenwitz, II, Tübingen, 1909, p. 57 ; également dans le *De lingua latina* édit. Goetz et Schoell, Leipzig, 1910 (Teubner), p. 83 ; Tite Live (édit. Weissenborn-Mueller), III, 13, 6-8, XXIII, 32, 4, XXV, 4, 8-11, XXXIX, 41 ; Valère Maxime (édit. Kempf), III, VII, 1a ; Tacite (édit. Halm), *Annales*, VI, V, 8 ; Aulu-Gelle (édit. Hertz), VI (VII), I,

qui, par les termes qu'ils emploient (1), l'époque à laquelle ils se réfèrent (2), font ou peuvent faire allusion à l'institution. antérieure. Et encore, parmi ces textes, dont certains du reste se servent d'expressions tirées, il est vrai, de la procédure romaine, mais les appliquént à des situations auxquelles cette procédure est restée étrangère(3), circonstance dont il importe de tenir compte, il faut faire le départ entre ceux qui s'appliquent au *vadimonium* dans un procès criminel(4) et

9-11, XVI, X, 8; Festus, au mot *Vadem*, dans Bruns, *Fontes*[7]II, p. 44; Porphyrion (édit. Meyer), *Sermonum*, I, 1, 11; Ausone (édit. Peiper), XII, *Technopaegnion*, XII, 101; Macrobe, (édit. Eyssenhardt), *Saturnalia*, I, XVI 14; Symmaque, *Relationes* (*Epistularum liber X*), *rel.* XXIII, § 10, dans les *Monumenta Germaniæ, Auctores antiquissimi*, VI, I, p. 298, l. 4 et 5.

(1) Nous en donnons la liste, en y comprenant, pour plus de commodité, les textes de Plaute lui-même : *Adesse* : Plaute, *Curculio*, 164, Tite Live, XXV, 4, 9; *Carcer* : Plaute, *Persa*, 289, Tite Live, XXV, 4, 8, 11; *Convadatus (vadimoniis)* : Plaute, *Curculio*, 162; *Promittere* : *pecuniam*, Tite Live, 3, 13, 7; *populo, nisi sistatur*, Tite Live, III, 13, 6; *talentum aut sistere*, Plaute, *Rudens*, 777; *Reus* : *dat alium pro se*, Varron; *sisti reum*, Tite Live, III, 13, 6; *vadari reum*, Tite Live, III, 13, 8; *Sistere* : Plaute, *Curculio*, 163; *promittere*, Plaute, *Rudens*, 778; *reum sisti*, Tite Live, III, 13, 6; *sese perendie in loco*, Aulu-Gelle, VI (VII), 1, 10; *Subvades* : Aulu-Gelle, XVI, 10, 8; *Vadari* : Plaute, *Persa*, 289; *jubere in diem tertium*, Aulu-Gelle VI (VII) 1, 11; *licere*, Plaute, *Aulularia*, 319; *reum*, Tite Live, III, 13, 8; *Vadatus* : Plaute, *Bacchides*, 180; *Vadimonium* : Plaute, *Curculio*, 162; *dicere*, Macrobe; *facere*, Plaute, *Epidicus*, 685 (*jubere in posterum diem*), Valère Maxime; *fieri*, Tite Live XXIII, 32, 4; *promittere (pro altero)*, Varron; *promitti (jubere in diem et locum)*, Aulu-Gelle, VI (VII), 1, 9; *Vas* : Varron, Festus; *factus*, Cicéron, *De officiis*, III, 45; *subit in pœnam*, Ausone; *vadem accipere*, Cicéron, *Ad Brutum*, I, 18, 3, *Tusculanae*, V, 63; *dare*, Cicéron, *De finibus*, II, 79; Varron; *liberare*, Cicéron, *Tusculanae*, V, 63; *obligare*, Tite Live, III, 13, 8; *poscere*, Varron; *Vades* : Salluste, Aulu-Gelle, XVI, 10, 8, Porphyrion; *deesse*, Plaute, *Persa*, 289; *exsistere*, Tacite; *dare*, Salluste, Tite Live, III, 13, 7, III, 13, 8 (*publicos*), XXV, 4, 8, 9, 11, Porphyrion; *deserere*, Tite Live, XXXIX, 41; *poscere*, Cicéron, *De re publica*, II, 61, Tite Live, XXV, 4, 10; *vadibus tradi*, Symmaque; *vadibus vadari*, Tite Live, III, 13, 8. Ἄφιξις (ἐγγυητὰς δοῦναι τῆς ἀφίξεως) Ἐγγυητής (ἐγγυητὰς δοῦναι); Διεγγυάω (χρήμασι διεγγυηθέν); Ἐκλείπω (τὴν δίκην ἐπλείπειν), Denys d'Halicarnasse.

(2) 293-294/461-460 : Denys, Tite Live, III, 13, 6-8; 304-305/450-449 : Cicéron, *De re publica*, II, 61; 539/215 : Tite Live, XXIII, 32, 4; 542/212 : Tite Live XXV, 4, 8-11; 544-548/210-206 : Valère Maxime, Aulu-Gelle, VI, 1, 8; 568/184 : Tite Live, XXXIX, 41; Actions de la loi (?) : Macrobe.

(3) Cicéron, *De finibus*, II, 79, *Tusculanae*, V, 63, *De officiis*, III, 45.

(4) S'y appliquent sûrement : Cicéron, *De finibus*, II, 79, *Tusculanae*, V, 63, *De re publica*, II, 61, *De officiis*, III, 45, Tite Live, III, 13, 6, XXV, 4,

ceux qui s'appliquent au *vadimonium* dans un procès civil, le
seul dont nous voulions nous occuper (1). En outre, et ceci est

8, XXXIX, 41, beaucoup moins sûrement : Plaute, *Persa*, 289. V. la note
qui suit.

(1) On peut rapporter au *vadimonium* du procès civil : Plaute, *Aulularia*,
319, puis les textes de Valère Maxime et d'Aulu-Gelle, peut-être aussi les
textes de Plaute, *Rudens,* 778 et *Persa*, 289. Nous croyons pouvoir attribuer
sans trop de scrupules à la procédure civile le texte du *Persa*. 1) Analy-
sons d'abord le texte. Dans un dialogue entre deux esclaves, Sagaristio et
Paegnium, dialogue qui dégénère bientôt en querelle et en un échange rapide
de paroles vives, Sagaristio en arrive à dire à Paegnium : *Abi in malam rem*
(l'expression *abire in malam rem* est encore employée par Plaute dans deux
autres passages : *Captivi,* 877, *Epidicus,* 78), c'est-à-dire quelque chose
comme : Va-t-en au diable ! Ce à quoi Paegnium répond : Vas-y toi-
même, c'est ton chez toi, qui va être bientôt prêt à te recevoir : *At tu
domum : nam ibi tibi parata praestost.* (D'autres éditions portent *: nam ibi
tibi parata praes est,* qui n'offre pas de sens raisonnable ; cf. Buecheler, dans
les *Jahrbücher für classische Philologie* de Fleckeisen, IX⁰ année, Leipzig, 1863,
p. 783 ; Costa, *Il diritto privato romano nelle comedie di Plauto*, Turin, 1890,
p. 435, n. 262 ; l'édition du *Persa* de Ritschl, revue par Schœll, *Comœdiarum
Plautinarum* T. IV, fasc. III, Leipzig, 1892, *Appendix*, p. 141). Sagaristio,
qui ne reste pas pris de court, réplique en faisant un emprunt à la langue
du droit : C'est un rendez-vous que tu me donnes : *Vadatur hic me* (et non
pas, comme traduit Schlossmann, *Die Gestellungsbürgschaft im römischen
Formularprozess*, dans *Zeitschrift für das Privat-und öffentliche Recht
der Gegenwart*, de Grünhut, T. XXXII, Vienne, 1905, p. 211 : tu exiges de
moi une caution). A notre avis, Sagaristio, dans cette réplique, ne prend
pas le terme *vadari* uniquement dans son sens technique ; il ne s'en sert
pas pour dire à Paegnium quelque chose comme ceci : En voici un impu-
dent, qui m'assigne à comparaître en justice ! La plaisanterie ou l'injure
manquerait de sel. Plaute, ici comme dans le *Curculio*, prend au terme
technique uniquement l'idée générale de rendez-vous pour placer dans la
bouche de Sagaristio une réplique vive tirée du trait même que Paegnium
venait de lui lancer. Le jeune Paegnium, qui n'a pas moins de malice
que son interlocuteur, emploie le même procédé. Lui, saisit dans la
phrase de Sagaristio l'allusion technique et sa réponse prend une allure plus
directement et plus nettement juridique : Plaise au ciel que tu ne trouves pas
de cautions, pour que tu te trouves là dans une véritable prison : *Utinam
vades desint in carcere ut sis* ; c'est-à-dire : pour que tu ne puisses sortir de
cette *mala res*, où je t'ai envoyé comme étant ta demeure, mais qui sera en
même temps pour toi un *carcer*. 2) A quel *vadimonium* le texte ainsi analysé
fait-il allusion ? *a*) Il est d'abord un point sur lequel il faut bien s'entendre.
Sagaristio et Paegnium, dans cette scène, se dépouillent de leur qualité
d'esclaves, ils parlent comme le feraient des hommes libres. Il serait absolument invraisemblable que, au cours d'un dialogue rapide où les injures s'en-
trecroisent en phrases courtes et vives, ils eussent le temps et la pensée de

surtout vrai des textes de Plaute (1), l'institution procédurale
nous est le plus souvent présentée sous forme d'une simple allusion, au cours du développement d'une situation dramatique

choisir, dans l'emprunt qu'ils font à la langue juridique pour piquer l'adver-
saire, exclusivement des termes appropriés à leur situation d'esclave. Plaute
lui-même nous fournit la preuve que c'est bien en hommes libres qu'avaient
pensé et parlé nos deux personnages, et en première ligne Sagaristio qui
avait débuté par le : *vadatur hic me*. Paegnium qui, dans toute cette scène, a
tout l'air d'un jeune fripon l'emportant de beaucoup en malice sur son parte-
naire un peu lourdaud, lui décoche un dernier trait (vers 290-291) : *Tandem
ut liceat, quom servos sis, servom tibi male dicere*. Sagaristio s'est mis dans
la peau d'un homme libre en disant : *vadatur hic me*. Paegnium lui rappelle
vertement sa condition : *quom servos sis*; tu n'es qu'un esclave comme moi,
mon pauvre Sagaristio, il m'est bien permis de te malmener quelque peu en
paroles. *b*) Etant donné que nos deux personnages jouent en hommes libres
cette partie de scène, à quel *vadimonium* font-ils allusion? A première vue, il
nous paraît peu vraisemblable que Sagaristio, en disant à Paegnium : *vadatur hic me*, parle de lui comme d'un magistrat citant et demandant des *vades* au cours d'une procédure criminelle (cf. Girard, *Histoire de l'organisation
judiciaire des Romains*, I, Paris, 1901, p. 120, texte et note 5). Par les mots
vadatur... en effet, il fait allusion à la phrase que Paegnium venait de pro-
noncer, au rendez-vous que celui-ci lui avait donné à titre purement privé.
En outre, la querelle est d'ordre purement privé ; pourquoi la procédure,
dont le vocabulaire sert à l'alimenter, ne serait-elle pas, elle aussi, d'ordre
purement privé ? Plaute qui a volontiers recours à ce vocabulaire juridique,
qui en assaisonne ses dialogues pour leur donner plus de vie et frapper davantage l'esprit de ses auditeurs qu'il sait au courant des détails de la vie
procédurale, en emprunte très généralement les termes à la procédure civile.
Ainsi fait-il en ce qui concerne notre matière du *vadimonium* dans l'*Aulularia* :
ut sibi liceret miluom vadarier ; dans le *Curculio* : *ubi tu's, qui me convadatus
Veneris vadimoniis*; dans l'*Epidicus* : *vadimonium ultro mihi hic facit*. Il le
ferait ici encore que cela n'aurait rien que de très naturel. On a bien ob-
jecté (Fliniaux, p, 10, n. 1 et les renvois) l'expression *carcer* qui, dit-on,
fait allusion à une prison publique. En réalité, il n'en est rien. Le sens de ce
mot dans Plaute varie suivant les situations. Tantôt, comme dans le *Pœnulus*, 692, le *Curculio*, 692, les *Menaechmi*, 942, il désigne le *carcer publicus*.
Tantôt le sens est incertain, *Stichus*, 621, 624. Tantôt enfin il désigne nettement
la prison privée. Il en est ainsi : 1) dans le *Rudens*, 714, 715; le débat y paraît être un débat privé sur l'état d'une personne; et d'ailleurs, à cette époque, la privation violente de liberté, si telle est bien l'hypothèse du texte,
ne paraît pas avoir été un délit public, cf. Mommsen, *Droit pénal*, trad, Du-
quesne, III, Paris, 1907, p. 105, texte et note 7, p. 113, II, p. 385, texte et
note b; 2) et encore dans le *Pœnulus*, 1409, où la comparaison de ce vers
avec le vers 1365 montre bien qu'il s'agit là d'une prison privée.

(1) Plaute, *Bacchides*, 180, *Curculio*, 162, *Epidicus*, 685, *Persa*, 289, *Rudens*, 777. V. aussi Cicéron *ad Brutum*, I, 18, 3.

que le détail de procédure ne fait qu'illustrer ou souligner. Il est cependant possible, même en présence de textes appartenant à cette dernière catégorie, d'en tirer des renseignements utiles en vue de reconstituer la physionomie du *vadimonium*, grâce au caractère très technique, aux contours juridiques extrêmement précis que présente, dès l'époque ancienne, cette institution. Et c'est même à raison de ce caractère que Plaute peut se permettre ces allusions rapides, fugitives, mais qui n'en produiront pas moins l'effet de scène voulu par l'auteur ; il sait qu'en parlant de *vades*, de *vadimonium*, il sera compris de tous, du peuple comme des lettrés, et provoquera immédiatement le rire des uns et des autres (1).

A la lecture de tous ces textes (2) qui nous parlent, au passé ou au présent, du *vadimonium* et des *vades*, on a l'impression très nette que le *vadimonium* était traditionnellement envisagé comme un moyen d'assurer la comparution en justice du défendeur (3). Et l'on peut même, à notre avis, affirmer sans témérité que, à l'époque de Plaute tout au moins, le *vadimonium* ne se réfère qu'à cette comparution (4).

(1) Surtout du peuple, qui forme le public habituel de Plaute et qui n'applaudira que si la forme sous laquelle est lancé le trait d'esprit ne prête à aucune équivoque. Cf. sur le public de Plaute, Boissier, *Les prologues de Térence* dans les *Mélanges Graux*, Paris, 1834, p. 84-85.

(2) Nous réservons celui de Varron, *De lingua latina*, VI, 74, que nous examinons plus loin.

(3) On n'y trouve pas aussi nettement exprimée l'idée que cette comparution est une nouvelle comparution. Aucun des textes de Plaute ne l'indique positivement. Beaucoup de textes postérieurs qui en parlent se rapportent au seul *vadimonium* de la procédure criminelle. Il n'y a guère que les textes de Valère Maxime et Aulu-Gelle, VI, I, 8-11, relatifs du reste au même fait historique, qui puissent être utilisés en ce sens. Le texte de Varron est susceptible de plusieurs interprétations. Cependant le fait que le *vadimonium* apparaît dans la procédure formulaire comme destiné à assurer la recomparution du défendeur, que d'autre part, il existe un procédé qui assure la comparution première, enfin le rapprochement de la formule de promesse de recomparution donnée par Gaius, IV, 184 et de la formule donnée par Plaute, *Curculio*, 163 et *Rudens*, 778, nous paraissent de nature à entraîner la conviction dans le sens d'un *vadimonium* procédé de recomparution sous les actions de la loi.

(4) Ceci ne résulte pas seulement de l'ensemble des textes qui, quand ils parlent directement et ouvertement du *vadimonium*, n'en parlent qu'à ce point de vue; ceci résulte aussi très nettement des cas où l'idée juridique a été déformée pour être adaptée à une situation dramatique. Dans le *Curculio*

On peut affirmer encore qu'à l'occasion de cette comparution en justice le défendeur avait à fournir des *vades* (1) ; que, s'il n'en fournissait pas, il restait en état de détention préventive (2) ; enfin, que les *vades* s'engageaient à payer une somme d'argent pour le cas où le défendeur ne comparaîtrait pas (3).

Tout le reste est conjecturé. De ces conjectures, certaines sont vraisemblables : celle d'après laquelle l'obligation du *vas*, portant sur une somme d'argent et née dans des conditions propres à lui communiquer un caractère d'authenticité, était sanctionnée par une *manus injectio* ; celle encore d'après laquelle il n'y a pas de *vas* garantissant la comparution *in judicio* ; un tel *vas* eût laissé des traces dans la procédure formulaire où il est inconnu. D'autres le sont moins : par exemple, le caractère intransmissible de l'obligation du *vas* ; ce tempérament à carac-

par exemple, la jeune fille interpelle son amant en ces termes : *Ubi tu's qui me convadatus Veneriis vadimoniis ? Sisto ego tibi me et mihi contra itidem ut sistas suadeo.* Et celui-ci répond : *Assum : nam si absum, haud recusem quin mihi male sit, vel meum.* Quel mot est donné en réponse à *convadatus vadimoniis ? Sisto*, c'est-à-dire une expression qui fait nettement allusion à l'idée de comparution en justice. L'expression *convadatus vadimoniis* qui prépare et provoque la réponse devait contenir la même allusion, sous peine de dérouter les auditeurs qu'il importait au contraire de mettre à même de saisir rapidement et sans hésitation possible le rapport entre la demande et la réponse. Le texte nous prouve qu'à l'époque de Plaute l'institution du *vadimonium* était déjà, dans la pensée de tous, cataloguée dans la technique juridique sous la fiche : comparution en justice. Le texte du *Persa* appelle des observations analogues.

(1) Ceci nous semble résulter d'abord du fait que les *vades*, d'après Aulu-Gelle, XVI, X, 8, étaient relatifs à la procédure, puis de ce que Plaute, *Persa*, 289, en parle comme de personnages dont l'intervention empêche le défendeur d'être maintenu en détention préventive. On peut encore, avec assez de vraisemblance, rapporter aux *vades* le texte du *Rudens*, 777. Ce texte, il est vrai, ne prononce pas le mot *vadimonium*, il parle seulement d'une promesse que Trachalio et probablement Daemones, à qui Trachalio s'adresse, ont faite à autrui (au bourreau) de *hunc* (Labrax) *hodie sistere*. Mais du rapprochement de ce texte avec celui du *Curculio*, 162, où il est parlé, comme dans le *Rudens*, du fait, de la part du défendeur, de *sistere*, et où il en est parlé expressément à propos du *vadimonium*, on pourra, sans trop de hardiesse, conclure que Trachalio parlait à Daemones du rôle de *vades* que tous deux jouaient, à l'égard du bourreau, en ce qui concernait la comparution de Labrax, le *leno*. Cf. Schlossmann, *Zeitschrift* de Grünhut, 1905, p. 210-211.

(2) Plaute, *Persa*, 289, peut-être *Bacchides*, 180 : *vinctum adtines*.

(3) Plaute, *Rudens*, 777, et arg. d'analogie de Tite Live, III, 13, .

tère politique qui a dû être introduit à propos des cautions intervenant dans les relations d'affaires, notamment en matière de prêt, peut très bien ne pas avoir été appliqué aux cautions de procédure; celles-ci se présentent dans un milieu tout à fait différent; leur constitution est étrangère à toute préoccupation d'affaires et de spéculation ; leur fonctionnement s'inspire du désir d'assurer au demandeur la sécurité dans l'exercice de son action, et ce désir s'accommoderait mal d'une intransmissibilité de l'obligation. Par exemple encore, l'absence de toute intervention du magistrat dans la constitution de *vades* ; il y a tout au moins un texte de Plaute qui, sous une forme plaisante, nous montre que le magistrat n'était pas dénué de tout pouvoir, sinon, la formule donnée par Plaute « ut sibi liceret miluum vadarier » aurait surpris et déconcerté ses auditeurs (1).

Mais il est trois points dont l'affirmation nous semble plus hasardée encore : 1° le *vas* a été un otage ; 2° le *vas* s'engage à la place du défendeur qui ne s'oblige même pas ou qui, tout au moins, ne reste pas obligé dès que le *vas*, lui, l'est devenu; 3° le *vas*, qui garantit la comparution du défendeur, a servi à garantir autre chose.

1. — On ne songe guère à affirmer que le *vas* est un otage à l'époque de Plaute. L'a-t-il été primitivement? Sans nous engager dans l'épineuse question de savoir si les cautions primitives ont été des otages, et à supposer même qu'elles l'aient été, le *vas* n'a pas nécessairement participé de ce caractère. D'abord il faut remarquer qu'il n'a pas nécessairement apparu à la même époque que les cautions, il appartient à une époque relativement tardive, celle où les complications de la procédure exigent une recomparution en justice; il suppose donc le recours à l'autorité judiciaire fonctionnant déjà d'une manière régulière ; il a pu subir une réglementation différente. En outre, les circonstances mêmes dans lesquelles il intervient semblent devoir faire écarter l'idée d'une mise en otage. Il s'agit d'éviter la détention préventive et les inconvénients qu'elle peut avoir pour le défendeur; il semble contradictoire de la remplacer

____

(1) Nous hésitons aussi à croire à l'absence de recours du *vas* contre le défendeur. Nous nous sommes expliqué sur ce point dans le compte rendu de l'ouvrage de M. Fliniaux, *Nouvelle revue historique*, t. 34, 1910, p. 142. (Il faut y lire, p. 148, l. 5 : I, 18, 3, et non : I, 6, 3).

par une autre détention, celle des *vades*. Et ceci est peut-être plus choquant encore si l'on remarque que la constitution des *vades* a dû constituer un progrès sur la détention préventive pure et simple. Comment admettre que le défendeur n'eût pu obtenir sa mise en liberté qu'à la condition de fournir à sa place d'autres prisonniers ? Le progrès a dû résulter au contraire de ce qu'on a considéré qu'une détention préventive pouvait se remplacer par une promesse, de la part des amis du défendeur, gens honorables qui se portaient forts de sa comparution.

2. — L'intervention du *vas* a-t-elle lieu sans que le débiteur contracte lui-même l'obligation de comparaître ? Nous serions assez disposé à admettre que non. Si en effet le *vadimonium* de la procédure formulaire a, comme c'est assez vraisemblable, ses racines dans la vieille institution des *vades*, n'est-il pas permis de penser que le préteur, qui a obligé le défendeur à promettre lui-même sa comparution, a pu trouver cet engagement, sous une autre forme, soit, et avec un autre effet, mais enfin a pu trouver dans les actions de la loi l'idée même d'un engagement du défendeur ?

Quelles preuves pourrait-on apporter du contraire ? On ne pourrait, à notre sens, utiliser le texte de Varron (1) ni l'expression *pro altero* qu'il contient, car la préposition *pro*, telle que nous la connaissons d'après tous les textes de cette époque ou d'époque antérieure, prend souvent, il est vrai, le sens de : à la place de, mais parfois aussi elle signifie : en vue de, en considération de, en faveur de (2). Mais on pourrait tirer argument de la comparaison du *vas* au *praes* et au *sponsor*. A quel point de vue ? et que vaut cette comparaison ?

a) En ce qui concerne le *praes*, la question ne se pose pas nécessairement de la même façon pour lui et pour le *vas*. Le *vas* est fourni à un particulier. Le formalisme qui domine les rapports entre particuliers a pu faire admettre que la promesse

---

(1) En sens contraire, Fliniaux, p. 5, n. 1.

(2) Tabulæ censoriæ (Varron VI, 86, Bruns, *Fontes*[7], p. 58) : *dari ratiŏnem pro se*; Cicéron : *decidere pro* : *Pro Q. Roscio*, 32; *pronuntiare pro* : *Pro Cluentio*, 78; *solvere pro* : *Pro Fonteio*, 3; *spondere pro* : *Pro Murena*, 71, *De lege agraria*, II, 100, *Pro Plancio*, 47, *Ad familiares*, I, 9, 9, VI, 18, 3, *Ad Atticum*, XII, 14, 2, XII, 17, XIII, 10, 3, *Ad Brutum*, I, 18, 3; Varron : *sacrificare pro*, *De lingua latina* VI, 14; *vota suscipere*, VI, 60.

du *vas* que le débiteur comparaîtrait ne serait pas valable si
le débiteur ne commençait par promettre lui-même de comparaître. Le *praes*, lui, est fourni à l'État. Les rapports entre les
particuliers et l'État sont moins assujettis aux règles de forme.
L'État a pu acquérir un droit contre les *praedes* alors que le
débiteur principal n'avait pas contracté d'engagement personnel. Puis les circonstances dans lesquelles l'État a été amené
à recevoir l'engagement des *praedes* seuls, à l'exclusion de celui du *manceps*, n'ont pas été les mêmes que celles où le créancier a reçu l'engagement du *vas*. Qu'est-ce donc qui a fait que
l'État ne s'est parfois adressé qu'aux *praedes* ? D'après Mommsen (1), il serait possible que, au nombre de ceux qui passaient
des contrats avec l'État, notamment des contrats d'entreprise
de construction, il y eût eu des étrangers et même des esclaves. On comprend alors pourquoi, ne pouvant s'engager eux-
mêmes, ils fournissaient des *praedes* contre lesquels l'État
avait un recours direct. Mais le défendeur à une action de la
loi ne peut être en principe un étranger, et ne peut être un
esclave ; il peut s'engager à comparaître ; pourquoi ne le de-
vrait-il pas ? Et pourquoi, s'étant engagé, ne continuerait-il
pas à être tenu (2) ? Enfin le *vas*, en exécutant sa promesse,

(1) Dans un passage ajouté à son commentaire des lois de Salpensa et Ma-
laca, *Juristische Schriften*, I, Berlin, 1905, p. 362, passage dont le contenu se
trouve également dans son article de la *Zeitschrift der Savigny-Stiftung*, R. A.
XXIII, 1902, p. 440, n. 3.

(2) Cette même observation de Mommsen supposée exacte nous semble de
nature à affaiblir la portée d'un des principaux arguments de la thèse soutenue par le même auteur, *Juristische Schriften*, I, p. 361-362, et souvent repro-
duite depuis (par exemple, Cuq, *Les institutions juridiques des Romains*, I².
Paris, 1904, p. 120, n. 1; Girard, *Manuel élémentaire de droit romain*, 4e édit.,
Paris, 1906, p. 747, n. 3; Mitteis, *Aus römischem*, p. 120-123 ; cf. Lenel, *Zeits.
der Savigny-Stiftung*, 1902, p. 98, texte et n. 3; Fliniaux, p. 6-7) qui regarde
le *praes* comme seul obligé envers l'État ou la cité à l'exclusion de l'intéressé
principal, *manceps*, *redemptor*. (En quel sens n'est-il pas tenu ? Mommsen,
p. 361, n. 41, dit que l'intervention des *praedes* le libère, équivaut à un paiement, v. cependant p. 362, n. 42. Mitteis ne fait pas intervenir cette idée de
libération. Logiquement, il nous semble qu'on doit dire, non que l'obligation
principale est éteinte, mais plutôt qu'elle ne naît pas, du moment qu'on con-
sidère le fait de fournir des *vades*, *praedes*, *sponsores* comme ayant été anciennement un moyen indirect de s'obliger, alors qu'on ne le pouvait directement; le progrès ayant consisté à pouvoir le faire par un détour en deve-
nant son propre *vas*, *praes* ou *sponsor*). Un des principaux appuis de cette

ne donne pas satisfaction entière au demandeur. Il ne promet

thèse est indiqué comme se trouvant dans les textes qui déclarent l'intéressé principal, l'adjudicataire de travaux, par exemple, se portant *praes pro se :* pourquoi se porte-t-il son propre *praes*, sinon, dit-on, parce que comme débiteur principal il ne serait pas tenu, l'intervention de ses *praedes* l'ayant empêché de l'être? On peut cependant trouver d'autres explications de cette façon de parler, de cette manière de désigner l'intéressé principal comme quelqu'un qui se porte son propre *praes*. 1) L'une d'entre elles se rattache précisément au fait, indiqué par Mommsen, que les adjudicataires pouvaient être des étrangers ou des esclaves. Voici comment elle s'y rattache. Le nom de *praes*, pour quelle raison, nous ne le savons pas, l'étymologie du mot n'étant pas encore établie (cf. Fliniaux, p. 7, n. 1), semble bien avoir désigné les débiteurs de l'Etat, les personnes sur lesquelles l'Etat avait le droit de poursuivre l'exécution de ses créances; lorsque les textes veulent, en parlant de quelqu'un, exprimer l'idée que ce quelqu'un sera *lié* envers l'Etat ou la cité, ils disent qu'il est *praes* : Varron, VI, 74, *qui a magistratu interrogatus in publicum ut* praestet, (Bruns, *Fontes* [7], II, p. 57, Gœtz et Schœll, p. 83, l. 17; *praes siet* d'après Mommsen, *Juristische Schriften*, I, p. 358, n. 31); Festus, *qui populo se 'obligat, Fontes* [7], II, p. 26 ; tandis que pour le caractériser quant à l'*acte* qui intervient entre lui et l'Etat, on lui donne un autre nom : par exemple *manceps dicitur qui quid a populo* emit conducitve, Festus dans Bruns, *Fontes*[7], II, p. 13. Ceci supposé, qu'arrivait-il lorsque celui qui voulait, par exemple, soumissionner, se rendre adjudicataire d'un travail, était esclave ou étranger? Lui, ne pouvait devenir débiteur de l'Etat, ne pouvait être *praes;* il se bornait donc à donner d'autres personnes comme *praedes.* Ces *praedes* intervenaient alors *pro alio.* Mais qu'arriva-t-il, au cas où l'adjudicataire était un citoyen? Pour bien montrer que lui-même alors était lié par le contrat, que l'Etat pouvait l'exécuter, lui, et pas seulement les autres qui se portaient *praedes,* pour éviter toute confusion avec les cas dans lesquels l'adjudicataire ne pouvait pas être tenu, ne pouvait pas être *praes*, pour souligner la différence, on inséra que lui-même était *praes, idem praes :* *Lex Puteolana* III, 18, Girard, *Textes de droit romain*, 3ᵉ édit., Paris, 1903, p. 816, Bruns, *Fontes* [7], I, p. 376; Festus, au mot *manceps, Fontes* [7] II, p. 13; ou, suivant une autre formule, qu'il n'était pas *praes* seulement *pro alio*, mais *pro se : Lex Tarentina*, l. 9, Girard, *Textes* [3], p. 62, *Fontes* [7], I, p. 121. Par l'une ou l'autre de ces formules notre personnage voulait exprimer que c'était bien lui qui intervenait comme débiteur de l'Etat pour son compte personnel, tandis que les autres n'intervenaient que pour autrui, pour celui dont le nom, par exemple, était inscrit le premier au bas de l'acte de soumission. 2) On pourrait encore soutenir que si l'intéressé principal s'engageait comme *praes*, c'était pour être traité non pas plus sévèrement comme le dit Mommsen, p. 362, n. 42, mais, au contraire d'une façon plus atténuée, les biens du débiteur étant vendus immédiatement *in vacuum*, tandis que ceux des *praedes* étaient vendus d'abord à des conditions plus favorables, d'une nature du reste discutée, *lege praediatoria*, et ne faisaient qu'ensuite, faute d'un résultat donné par la première vente, l'objet d'une vente *in vacuum.*

en fin de compte à ce dernier qu'une somme d'argent et il sera
libéré par le paiement de cette somme. Mais, cette somme
payée, le défendeur n'aura pas comparu ; ce que le demandeur
s'est fait promettre par le défendeur, à savoir la comparution
de celui-ci, n'aura pas eu lieu. Donc, quelle que soit la sécurité
qu'offre le *vas*, quelque confiance que le demandeur puisse
avoir en lui pour assurer la comparution du défendeur, la promesse du *vas* ne lui donne pas (1) une certitude aussi grande
d'obtenir ce qu'il veut, à savoir cette comparution, que celle
que la constitution de *praedes* supposés de tout repos donne
à l'État d'obtenir son paiement. On comprend donc que l'on
ait pu considérer la constitution de *praedes* comme libérant le
défendeur, sans qu'on ait été amené à donner la même solution
en ce qui concerne le *vas*.

b) Nous admettrions encore moins volontiers que, en faveur
de la doctrine de l'absence d'obligation ou de la libération du
défendeur au cas d'intervention du *vas*, ou tirât argument d'une
situation analogue qui aurait existé pour le *sponsor*. M. Mitteis,
au cours d'un développement sur l'origine de la stipulation, a
soutenu (2) qu'il y eut une époque à laquelle le *sponsor*, au
sens de caution, s'engageait seul ; le *sponsor* se donnait comme
otage au créancier et ce dernier n'avait de droit que sur le
sponsor. Puis, l'intéressé principal se serait joint à l'obligation
en se constituant son propre *sponsor* ; enfin l'intéressé principal
aurait contracté un engagement à côté duquel celui des *sponsores* aurait fini par apparaître comme accessoire. A l'appui de
cette doctrine on invoque l'analogie du *praes* (3). Nous avons dit
pourquoi nous n'admettions pas volontiers que le *praes* s'en-
gageât seul. S'engageât-il seul, nous hésiterions à tirer un argument d'analogie d'une institution surtout de droit public pour
une institution de pur droit privé. Un autre argument est au premier abord plus saisissant (4). Le voici. Le mot *spondere* désigne,
ceci est certain, la stipulation principale ou accessoire ; le mot

____

(1) Même dans l'hypothèse où le montant de la somme aurait pu, ce que
nous ne savons pas, s'élever jusqu'à la valeur du litige, cas qui n'est pas la
règle à l'époque formulaire, Gaius, IV, 186.

(2) *Aus römischem,* p. 124 et suiv., p. 141, 1.

(3) p. 121 et suiv.

(4) p. 126 et suiv.

sponsor ne désigne, dit M. Mitteis, que la stipulation accessoire ; un seul texte, un texte de Julien (1) s'en sert pour désigner la stipulation principale. Si nous faisons, avec M. Mitteis (2), abstraction de ce texte, si nous supposons d'autre part, avec le même auteur (3), que le mot *sponsor* n'existait pas dans les textes des jurisconsultes classiques et qu'ainsi les compilateurs n'ont pas eu à le rayer partout où il signifiait débiteur principal, on est en présence de ce fait tout à fait remarquable que, alors que le débiteur principal et le débiteur accessoire l'un aussi bien que l'autre, font une *sponsio*, seul le débiteur accessoire est appelé *sponsor*. Et cependant il devrait en être autrement si, dès le début, le débiteur principal, lui aussi, avait fait la *sponsio*. Tous deux alors auraient dû s'appeler *sponsor*, et l'un, le débiteur accessoire, *adsponsor* par exemple, pour le distinguer de l'autre. Pourquoi donc le débiteur principal n'est-il pas, lui aussi, appelé *sponsor*? On est tenté de répondre avec Mitteis (4) : c'est parce que, à l'origine, l'intéressé principal ne faisant pas de *sponsio*, il ne pouvait pas, lui, être appelé *sponsor*; il n'y avait que la caution à faire la *sponsio*, il n'y avait qu'elle qui accomplissait l'acte juridique : elle se donnait comme otage ; l'intéressé principal ne contractait aucune obligation. Plus tard, l'intéressé principal est intervenu à son tour, il a accompli le *spondere* en même temps que le *sponsor* lui-même, il se cautionnait lui-même, il se portait son propre *sponsor* comme le *manceps* se porte son propre *praes* (Selbstbürgschaft), les deux dettes étant d'abord contractées sous la forme corréale, le créancier adressant aux deux une seule question à laquelle ils répondaient ensemble ou successivement; puis l'obligation du *sponsor* se distingua de celle du débiteur principal par la forme connue de l'époque classique (5) et existant probablement à l'époque d'Aelius Gallus (6).

Cette démonstration, au moyen du fait que l'expression *sponsor* ne s'applique qu'à la caution, de cet autre fait qu'elle seule

(1) *Digesta*, 54, P. 747, D. XXXXVI, 3, 34, 1.
(2) p. 118-119.
(3) p. 118.
(4) p. 120.
(5) p. 129.
(6) p. 129.

était obligée, ne nous convainc pas. Il y a là sans doute un argument de terminologie très délicat à apprécier et qui ne peut l'être en toute compétence que par des linguistes, comme M. Mitteis le dit lui-même ailleurs (1). C'est donc sous bénéfice d'inventaire que nous présentons les remarques suivantes. En admettant même, ce dont nous doutons (2), que le mot *sponsor* n'ait servi à désigner que le débiteur accessoire, nous nous demandons comment il se fait que, le jour où l'intéressé principal a joué le rôle de *sponsor*, on ne lui a pas appliqué cette épithète, en lui ajoutant une particule montrant qu'il s'adjoignait au *sponsor*. Puis, l'argument de Mitteis, à savoir : la caution seule est appelée *sponsor* parce qu'il n'y avait qu'elle à accomplir le *spondere*, peut porter, mais à condition de supposer établi que la personne accomplissant la *sponsio* a reçu le nom de *sponsor* dès le jour où elle a accompli cet acte consistant à *spondere* ; il serait alors étonnant en effet que l'on n'eût pas donné ce nom à tous ceux qui réalisaient un *spondere* et, si la caution seule a reçu ce nom, c'est assez vraisemblablement qu'il n'y avait qu'elle à faire ce *spondere*. Mais est-il sûr que c'est tout de suite, que c'est du jour où il y a eu une *sponsio*, nous entendons par là un acte juridique où le verbe *spondere* est employé et d'où naît un lien de droit, qu'on appelle ce lien obligation ou mise en otage, est-il sûr que c'est dès ce jour que l'auteur de cet acte juridique a été baptisé *sponsor*? Nous avons une vieille définition d'Aelius Gallus, qui remonte peut-être assez haut, et qui appelle encore *reus promittendo* aussi bien l'*adpromissor* que le *promissor* (3). N'ont-ils pas été, au début, désignés par ce nom ou par un autre, mais en tout cas, pas par le mot *sponsor?* Il est cependant arrivé que la caution a pris un nom spécial. A quelle occasion? Qu'est-ce qui a pu frapper les esprits au point de faire donner à la caution, et à la caution seule, le nom de *sponsor*, alors que le débiteur principal fait, lui aussi, une *sponsio?* Ne serait-ce pas par hasard l'opposition entre le fait de *spondere* et celui de *fidepromittere?* L'appari-

----

(1) P. 113.

(2) Le texte de Varron VI, 69 (Bruns, *Fontes*[7], II, p. 56-57 ; cf. Gœtz et Schœll, p. 82), nous paraît bien contenir une définition d'un *sponsor* débiteur principal, en face de celle d'un *consponsus* caution, v. *infrà*, p. 537, n. 2.

(3) Festus, au mot *reus*, Bruns, *Fontes*[7], II, p. 32.

tion de la *fidepromissio* mit en vedette, par voie d'opposition, l'acte de *sponsio* et, puisque c'était par la différence des paroles employées que se reconnaissaient les sortes de cautions, on prit l'habitude de désigner la caution qui faisait une *sponsio* du nom de l'acte qui lui était spécial : celui qui fait une *sponsio* s'appellera *sponsor* pour l'opposer à celui qui fait la *fidepromissio* et qu'on appelle *fidepromissor* (1).

3. — Jusqu'ici le *vas* nous est apparu comme garant d'une comparution en justice. L'examen d'un texte de Varron (2) va nous amener à rechercher s'il garantissait autre chose. C'est à l'étude de ce texte que nous allons consacrer les développements qui suivent.

II.

A. — **Les sources du § 74.** — Le § 74 du livre VI, *De lingua latina*, ce passage célèbre et difficile (3), est un des textes qui, à notre avis, soulignent le mieux cette passion des choses de l'antiquité qui, comme l'indiquait récemment encore M. Goetz (4), animait Varron et ne le quittait pas même lorsqu'il se livrait à des études d'un autre ordre et notamment, comme dans son *De lingua latina*, à des recherches d'ordre grammatical et étymologique. Au moins toute la seconde partie du texte (5),

(1) Il serait du reste nécessaire, pour éclairer la terminologie du *sponsor*, de rechercher à quelle date on aurait pris l'habitude de transformer en substantifs terminés en *or* les verbes indiquant une action juridique. Ce n'est que cette question primordiale résolue qu'on pourra déterminer utilement le sens que le mot *sponsor* avait à ses débuts.

(2) *De lingua latina*, VI, 74, Bruns, *Fontes*[7], II, p. 57, édit. Gœtz et Schœll, p. 83.

(3) Lachmann, qui en a donné une pénétrante analyse dans son article *Zu Varro de lingua latina über pecus und über spondere*, dans le *Rheinisches Museum für Philologie*, 6ᵉ année, Bonn, 1839, p. 122-125, = *Kleinere Schriften zur classischen Philologie*, Berlin, 1876, II, p. 176-179, fait, au début de ses explications, p. 122 = 176, cette remarque peu consolante : « Aber Varro hat noch eine Vergleichung des sponsor mit dem praes und mit dem vas beigefügt, die ich genügend zu erklären kaum hoffen darf ».

(4) *Zur Würdigung der grammatischen Arbeiten Varros*, dans *Abhandlung en der philologisch-historischen Klasse der königlich sächsischen Gesellschaft der Wissenschaften*, t. 27, Leipzig, 1909, p. 65-89, p. 70 et suiv.; cf. Gœtz et Schœll, *Prolegomena*, p. xliii.

(5) Nous reproduisons le texte du § 74 d'après les *Fontes* [7] de Bruns, II, p. 57. L'édition de Gœtz et Schœll contient des variantes de peu d'impor-

à compter des mots : « Consuetudo erat », est absolument étrangère à l'ordre d'études que poursuit Varron dans son *De lingua latina* et constitue, dans le domaine de l'histoire des antiquités, une petite incursion qui n'a rien à faire avec la question d'étymologie. Et nous croyons qu'il en est de même de la première partie. Pour faire cette démonstration, il est nécessaire de replacer tout d'abord le texte dans son milieu.

a) Le § 74 fait partie d'un massif de textes comprenant les § 35-85 (1). Dans ces paragraphes, Varron, se conformant au plan général qu'il s'est tracé (2) précédemment (3), traite, au point de vue étymologique, des *res quae in tempore aliquo fieri animadvertuntur* (4). Et il le fait suivant un certain plan que M. Reitzenstein (5) a bien su dégager et dont nous prenons les grandes lignes. Varron tout d'abord, dans une introduction, § 35-40, parle des quatre *verborum declinatuum genera* et remarque, en citant Cosconius, que la masse des formes peut se ramener à 1.000 *verba primigenia*, c'est-à-dire à ces mots qui ne peuvent être expliqués par aucun autre. Il indique § 41-42 les trois étapes de l'*agere* : penser, parler, faire, puis, successivement, les manifestations de l'activité relatives : 1° à la pensée, 43, 46-

tance (différences de ponctuation, d'orthographe « ascribi » au lieu de « adscribi »).

S p o n s o r et p r a e s et v a s neque idem, neque res a quibus hi, sed e re simile. Itaque p r a e s, qui a magistratu interrogatus, in publicum ut praestet; a quo et, cum respondet, dicit : « praes ». V a s appellatus qui pro altero ' vadimonium ' promittebat. Consuetudo erat, cum reus parum esset idoneus inceptis rebus, ut pro se alium daret. A quo caveri postea lege cœptum est ab his, qui praedia venderent, vadem ne darent; ab eo adscribi cœptum in lege mancipiorum : « Vadem ne poscerent, nec dabitur ».

(1) Sur les § 86 et suivants, v. Gœtz et Schœll, *Prolegomena*, p. xli.

(2) V. sur ce plan Schanz, *Geschichte der römischen Litteratur*, I, 2³, Munich, 1909, p. 440-442; Gœtz et Schœll, *Prolegomena*, p. xxxviii et suiv.

(3) Plan général des livres V-VII : étymologie des mots groupés en trois classes : lieux (V), temps (VI), expressions poétiques (VII), v. sur ce plan V, 10. Le plan spécial du livre VI, rappelant celui du livre V marqué V, 14 et 57, est indiqué VI, 1. « In hoc dicam de vocabulis temporum et earum rerum quae in agendo fiunt aut dicuntur cum tempore aliquo », édit. Gœtz et Schœll, p. 57; cf. *Prolegomena*, p. xl et suiv.

(4) Cf. Reitzenstein (cité note suivante), p. 38; Gœtz, p. 81; Gœtz et Schœll, *Prolegomena*, p. xl.

(5) *M. Terentius Varro und Johannes Mauropus von Euchaita*, Leipzig, 1901, p. 38-41; Gœtz et Schœll, *Prolegomena*, p. xl-xli.

49, (44-45); 2° à la parole, 51-76; 3° à l'action, 77-78, 79, 80-85. Tel est son plan. Quant à sa méthode, Varron, qui veut faire de l'étymologie, procède toujours de l'une des deux façons suivantes. Ou bien il prend un mot type, autour duquel il groupe toute une catégorie d'autres mots qu'il explique en les rapportant plus ou moins au premier (1). Ou bien, il groupe des mots sans rapport au point de vue grammatical, mais dont l'étymologie s'explique par une idée qui leur est commune : ils reflètent un phénomène naturel dont ils sont, pour ainsi dire, l'image sensible (2). Tous ces mots, les uns et les autres, sont reliés au point de vue de leur étymologie par des expressions telles que : *a, hinc, a quo, ab eo.*

Le § 74 est conçu tout autrement. 1. D'abord il débute par une phrase d'allure dogmatique qui fait beaucoup plus penser à un juriste qu'à un linguiste : par une comparaison juridique de trois personnages, au triple point de vue : de l'objet de leur obligation; de la source de cette obligation; enfin des circonstances dans lesquelles ils sont obligés. Comparaison tout à fait exacte : le *sponsor*, le *praes* et le *vas* s'obligent à des choses différentes; leurs obligations ne naissent pas des mêmes actes juridiques; et cependant ils sont tous débiteurs pour autrui. Cette première phrase détonne déjà dans un milieu où la seule préoccupation est de décrire l'origine des mots. 2. Vient ensuite une double définition du *vas* et du *praes*. Remarquons que ces définitions, en soi, n'ont rien à voir avec l'étymologie, elles seraient aussi bien à leur place dans un traité de droit que dans un traité de linguistique. Si l'on est porté à les examiner sous ce dernier angle, c'est le milieu où elles se trouvent qui vous y porte. La seule phrase qui souligne le point de vue étymologique est le petit membre de phrase *a quo et cum respondet, dicit praes.* 3. Enfin tout le reste du texte n'a rien à faire avec l'étymologie; c'est un petit exposé historique sur le *vadimonium.* — Signalons encore une autre particularité du texte. Varron, qui avait là une belle occasion de grou-

---

(1) Par exemple : *ago*, 41-42; *cogere*, 43; *mens*, 44-45; *cura*, 46; *fari*, 52-55; *loqui*, 56-57; *novus*, 58-60; *dico*, 61-62; *series*, 64-65; *legere*, 65-66; *sponte*, 69-73; *camena*, 75; *os*, 76; *facies*, 78.

(2) La peur : *metuere, formido, pavere,* 48; les bruits de la nature, 67, et, par analogie, d'autres bruits, 68.

per autour de ces deux expressions d'autres mots analogues
ayant la même racine, ne le fait pas, abandonnant ici encore le
point de vue étymologique pour le côté juridique : c'est parce
que les trois personnages sont juridiquement dans une situation
semblable qu'il en présente le parallèle; il fait cela et il ne
fait que cela. On trouverait difficilement ailleurs, sauf peut-être
au VII, 105, un autre passage de Varron qui ait aussi peu de
cachet linguistique et qui ait une allure juridique aussi prononc-
cée. Nous serions étonné que, lorsque ce passage a été écrit
pour la première fois, il l'ait été dans le premier ordre d'idées;
on peut, sans trop de hardiesse, penser que c'est un passage
transplanté, quoique la transplantation n'ait pas eu lieu sans
de petites modifications pour le mettre précisément en harmo-
nie avec l'ordre d'idées dont s'occupait Varron dans son *De
lingua*, notamment sans l'adjonction de la phrase *a quo et cum*.....
Mais, dans son ensemble, le passage était très probablement
déjà écrit quand Varron a mis sur pied le livre VI de son traité.

b) Mais où était-il écrit? D'où venait-il? Là commence véritablement la difficulté.

1) M. Reitzenstein (1) donne à la masse 35-96 une triple
origine : Aelius Stilo; un vieux traité grammatical *De verbis*
émanant peut-être de Cosconius; Varron lui-même. Parmi les
passages dus à Cosconius se trouverait peut-être le § 74, partie d'une masse partielle 69-74 (2). M. Gœtz qui, dans un
compte rendu de l'ouvrage de Reitzenstein (3), avait admis
son opinion dans ses grandes lignes (4), est depuis revenu sur
cette répartition des passages de Varron entre ces différentes
sources (5). Si Varron a pu, ici comme aux livres précédent

(1) p. 38-41.

(2) A cette masse 69-74, il faudrait joindre, d'après Reitzenstein, les § 35-
40, 44, 45, 50, 76, 79, 86-95, 96. Du reste il ne se prononce pas pour tous
avec la même fermeté et, pour les § 69-74 entre autres, il tient pour seulement vraisemblable leur origine dans le traité de grammaire venant peut-être
de Cosconius.

(3) *Berliner philologische Wochenschrift*, 1901, col. 1031-1034, notamment
1033.

(4) Egalement Wessner, *Jahresbericht de Bursian*, T. 113, a. 1902, 2 *Abt.*,
Latein. Klas., Leipzig, 1903, p. 127-128; cf. Kriegshammer, *De Varronis et
Verrii fontibus quaestiones selectae, Iena*, Leipzig 1903, = *Commentationes
philolol. Ienenses*, VII, p. 115.

(5) *Abhandlungen*, p. 80-82.

et suivants, puiser à diverses sources, soit aux siennes propres notamment à ses *Antiquitates*, auxquelles il reconnaît avoir pris certains passages et auxquelles il a dû recourir plus souvent encore (1), soit à d'autres (2), on ne peut prétendre qu'il se soit contenté de prendre, pour les entremêler, les traités de Stilo et de Cosconius.

En ce qui concerne spécialement les § 69-74, sur lesquels Gœtz ne se prononce pas spécialement, quelles sont les raisons pour lesquelles on devrait les attribuer à un autre qu'à celui que Reitzenstein prétend avoir été la source principale de Varron, Aelius Stilo ? Reitzenstein (3) en donne, si nous l'avons bien compris, deux raisons principales (4). 1° Ces § 69-74 forment comme un hors-d'œuvre qui coupe le développement naturel que forment ensemble les § 68 et 75. Mais, peut-on remarquer tout d'abord, nous ne voyons pas de similitude entre les § 68 et 75 ; au point de vue étymologique ils se séparent assez nettement ; dans le premier, nous reconnaissons la manière stoïcienne, le mot s'explique φύσει ; dans le second il ne s'explique pas φύσει, c'est le nom de *camena* que les hommes ont transporté volontairement à l'acte de chanter, le mot s'expli-

(1) Pour le livre VII, v. Gœtz, *Abhandlungen*, p. 73, pour le livre V, Gœtz, p. 79 ; cf. Gœtz et Schœll, *Prolegomena*, p. xliii et suiv.

(2) D'une façon générale : Gœtz, p. 75-76 ; livre VII : p. 77-78 ; livre V : p. 79 ; cf. *Prolegomena*, p. xliv, n. 1.

(3) p. 39, n. 1.

(4) Reitzenstein, p. 39, n. 1, en ajoute une troisième en ces termes : « Aus der Eigentümlichkeit der zweiten Quelle, die sich besonders klar in § 86-95 zeigt, erklären sich m. E. die Anstösse, die Lachmann (Kl. Schrift. II, 167 ff.) au § 69-74 z. gr. T. mit Recht genommen hat ». Si nous comprenons bien la pensée de l'auteur, c'est le caractère spécial de traité purement grammatical de la source à laquelle aurait puisé Varron, c'est-à-dire le traité *de verbis* émanant peut-être de Cosconius, qui rendrait compte des particularités qui ont choqué Lachmann. Ainsi formulée, la raison est bien vague et nous craindrions de méconnaître la pensée de l'A. en essayant de la préciser. Tout ce que l'on peut dire, c'est que s'il a visé les petites incorrections d'ordre logique ou juridique relevées par Lachmann et dont une partie du reste, venant d'une mauvaise lecture, a été corrigée depuis, on peut les imputer tout aussi bien à un grammairien qu'à un autre, on peut les attribuer à Varron lui-même, surtout si, au cours de ses explications, il a reproduit en abrégé des développements plus importants fournis soit par d'autres, soit par lui-même, dans ses *Antiquitates*, p. ex.

que θέσει, il trahit la manière alexandrine (1). Puis le mot *spondere* est très bien là à sa place au milieu d'étymologies toutes relatives aux différentes manifestations de la parole. Ajoutons même qu'on s'explique très bien la place exacte de son insertion et qu'on peut saisir sur le vif l'association d'idées qui a conduit Varron à l'indiquer : Varron vient en effet de parler des *Quirites* ; or, le *spondere* est un acte propre aux citoyens romains. 2° Reitzenstein remarque que la partie juridique est largement traitée. C'est exact, mais cela tient d'abord à la nature des mots expliqués. Et puis, quoiqu'il soit sans doute exact de remarquer, avec Reitzenstein lui-même (2), que les grammairiens se sont occupés de questions de droit, on ne voit pas pourquoi de ce fait on pourrait légitimement conclure que ces paragraphes ont été extraits d'un traité de grammaire, ils ont pu l'être d'un autre ouvrage de Varron comme ses antiquités ou son traité sur les origines de la langue latine (3) ; et l'on ne voit pas davantage pourquoi ce traité ne serait pas le même que celui duquel d'autres paragraphes ont été extraits, par exemple un traité d'Aelius Stilo (4).

---

(1) Sur cette opposition entre les deux manières, v. Reitzenstein, p. 23-30 et le même dans *Real-Encyclopädie*, art. *Etymologika*, VI, I, 1907, col., 808-809.

(2) p. 41.

(3) Cf. Gœtz, *Abhandlungen*, p. 81, n. 1.

(4) Si l'on veut même à toute force attribuer à Cosconius les §§ 69-74, nous doutons que ce soit à un traité *De verbis* de cet auteur qu'il faille les rapporter. On les trouverait plutôt dans un traité *De actionibus* du même auteur, traité que paraît bien mentionner Varron quand il dit, VI, 89 : *Cosconius in actionibus scribit*, traité qui, rédigé sur une matière juridique par un grammairien, l'aurait été bien évidemment en vertu de préoccupations à la fois juridiques et grammaticales. On a, il est vrai, contesté et l'existence d'un pareil traité et son caractère juridique. V. sur les deux points, Funaioli, *Grammaticae romanae fragmenta*. I, Leipzig, 1907, p. 108, Schanz I, 2³, p. 461, Gœtz, *Abhandlungen*, p. 75, cf. Krueger, *Histoire des sources du droit romain*, trad. Brissaud, Paris, 1894, p. 77, n. 1 (p. 78). Un juriste sera bien tenté néanmoins de voir dans une telle expression la mention d'un de ces *libri actionum* que composaient les anciens jurisconsultes. Et l'on pourrait lui rapporter aussi le *in actionibus dici* de Varron VII, 93, cf. Girard, *Organisation judiciaire*, I, p. 95, n. 4. Il est frappant que dans ces deux textes où il est parlé d'*actiones*, c'est des détails d'une action d'ordre juridique qu'il est question. Ce n'est pas douteux pour le VII, 93 ; ce ne l'est pas davantage pour le VI, 89 où il est question de la détermination par le préteur et ses

2) Il faut donc chercher ailleurs si l'on veut faire un peu de lumière sur les origines du § 74.

Nous remarquons d'abord ceci. Les §§ 69-73 et le § 74 paraissent logiquement s'enchaîner ; et l'anneau de la chaîne semble être le *sponsor* : ayant parlé du *sponsor*, Varron est tout naturellement amené à lui comparer le *vas* et le *praes*. Et cependant, croyons-nous, il n'en est rien : voici pourquoi. La première phrase du § 74 a été, il ne semble pas téméraire de le supposer, écrite par quelqu'un qui, au courant des notions juridiques, a été amené à comparer la situation de nos trois personnages. Différant par l'objet et la source de leur obligation, ils se ressemblent *e re*, ils sont tous débiteurs pour autrui. Le *sponsor* du § 74 y est donc envisagé comme un débiteur accessoire. Et la suite du texte le prouve encore : lui, dit : **idem** *spondeo;* le *praes*, lui, dit : **praes** sum ; et le *vas* promet le *vadimonium*. Or, si l'on se reporte au § 69 (1), on constate que le mot *sponsor* y est pris dans un sens tout à fait différent. Dans ce paragraphe, le *sponsor* est celui qui *spondet* : donc est *sponsor* le débiteur, tout débiteur et même surtout le débiteur principal, car le § 69, quand il veut définir le débiteur accessoire, celui *qui idem faciat obligatur*, l'appelle *consponsus* (2).

---

agents de certaines heures, et notamment de la *meridiés*, qui joue un rôle important dans l'organisation judiciaire, en particulier dans les *legis actiones* par ex. XII Tables, 1, 7, 8, 9; v. sur ce rôle Girard, *Organisation judiciaire,* I, p. 85, n. 3, 4, p. 169, n. 4, p. 182, n. 2.

(1) Dans Bruns, *Fontes*[7], II, p. 56-57; version différente dans Gœtz et Schœll, p. 82.

(2) Nous nous trouvons sur ce point d'accord avec M. Lévy, *Sponsio, fidepromissio, fidejussio,* Berlin, 1907, p. 2, et *Zeitschrift der Savigny-Stiftung,* t. 28, 1907, *R. A.*, p. 403, texte et n. 4, cf. Perrot, *Nouvelle revue historique,* t. 32, 1908, p. 104 (sur ce point seulement, nous n'avons pas à apprécier ici les conséquences que l'auteur tire, en ce qui concerne les origines du cautionnement, de ce sens du mot *sponsor*). M. Mitteis, au coin d'une note insérée dans la même revue allemande, t. 28, 1907, p. 487, n. 1 (p. 488), rejette un peu dédaigneusement cette interprétation du mot *sponsor*. Il voit dans le *qui spondet est sponsor* de Varron une trivialité étymologique et Varron lui-même, dit-il, ne pouvait guère s'attendre à ce qu'on usât de cette phrase comme d'un témoignage sur ce qu'était le *sponsor*. Nous ne sommes pas de cet avis. Le texte est de Varron, d'un auteur qui, quelque peu malmené, parfois à bon droit, par certains modernes (Ribbeck, *Rheinisches Museum für Philologie, N. F.,* T. 41, Frankfurt am Main, 1886, p. 618, Reitzenstein, *M. Térentius Varro,* p. 1, 2, 32, 36), réhabilité dans une certaine mesure par

Que conclure de cette remarque ? On peut, ce semble, en déduire assez justement que Varron n'a pas lui-même conçu et composé comme un tout, d'un seul jet, les §§ 69-73 d'une part et 74 d'autre part. Sans cela, il aurait dû prendre le mot *sponsor* du § 74 dans le sens où il l'a pris au § 69, et composer son texte autrement, en faisant remarquer que ici, c'est-à-dire au § 74, *sponsor*, c'est le *consponsus* du § 69. Il a dû plutôt prendre ces deux masses 69-73 d'une part, 74 d'autre part, à deux ouvrages différents, ou à deux parties d'un même ouvrage, que ces ouvrages soient d'ailleurs de lui (*Antiquitates, De origine linguae latinae*), d'un autre auteur, ou de deux auteurs, les §§ 69-73 venant d'un grammairien, le § 74 d'un juriste. Varron a puisé assez souvent à des écrits de grammairiens et de jurisconsultes, comme il l'indique lui-même (1), pour qu'on puisse admettre, ici encore, un double emprunt.

Non seulement on peut diagnostiquer la dualité des masses auxquelles l'emprunt a été fait, mais on peut encore voir comment Varron a fait la soudure et même soupçonner qu'en reproduisant le texte qui, lui, a formé la matière du § 74, il l'a quelque peu retouché. Le texte auquel Varron a puisé son § 74 devait être le début d'un développement parallèle sur les trois sortes de garanties. On a bien cette impression en lisant

d'autres (Gœtz), fût-il incapable de travailler ses sources et de se les assimiler, fût-il même, comme nous le disons au texte, incorrect et maladroit dans sa composition, était tout au moins en état de faire des extraits exacts, sans y introduire des erreurs qu'un étudiant en droit de son époque n'eût pas commises. Or, quand Varron vient nous dire : *qui spondet est sponsor, qui idem faciat ... consponsus,* il est peut-être répréhensible au point de vue étymologique, nous n'en savons rien ; mais, dans sa définition il n'y a pas que le côté étymologique, il y a le côté juridique; il est peut-être trivial, étymologiquement parlant, de dire *qui spondet est sponsor,* mais il n'en reste pas moins vrai que, juridiquement, est *sponsor* celui qui *spondet,* *consponsor* celui qui *idem faciat obligatur.* Jusqu'à preuve contraire, nous devons croire Varron, qu'il ait composé lui-même à cette occasion la définition ou qu'il l'ait extraite d'une autre œuvre, sienne ou d'autrui.

(1) Jurisconsultes : M. Scaevola, le pontife, V, 83, VI, 30, VII, 105 ; Manilius, VII, 105 ; Sulpicius, V, 40 (cf. Goetz, p. 76); M. Junius Gracchanus, V, 48, 55, VI, 33, 95. Philologues : Aelius Stilo, V, 18, 21, 25, 66, 101, VI, 7, cf. VI, 59, VII, 2 ; Cosconius, VI, 36, 89; Fulvius, VI, 33; Volnius, V, 55; Servius Clodius, VII, 66, 70, 106; Aurelius Opillus, VII, 50, 65, 70, 79, 106 (cf. Goetz, p. 75-76; Goetz et Schoell, *Prolegomena,* p. XLIV, n. 1).

la première phrase du texte ; l'énumération successive des trois personnages, l'indication concise des ressemblances et différences, tout cela semble bien être une phrase introductive d'une comparaison juridique. Ceci supposé, il y a quelque chose qui choque, c'est l'absence de définition du *sponsor* ; elle manque, on l'attend. Varron, lui, devait évidemment la supprimer, puisqu'il avait parlé du *sponsor*. Seulement il a fait là une suppression maladroite, car si, par son silence, il renvoie au *sponsor* du § 69, ce renvoi n'est pas exact ; le *sponsor* du § 74 n'est pas celui du § 69 ; le *sponsor* du § 74, c'est le *consponsus* du § 69. Cette suppression maladroite au point de vue de la composition et de l'enchaînement des parties, et qui constitue une preuve nouvelle, après tant d'autres, de la négligence de Varron dans l'agencement des matériaux divers à l'aide desquels il construisait son édifice, s'explique cependant très bien si le mot *sponsor* avait déjà à l'époque de Varron le sens courant de caution. Il s'est retrouvé sous sa plume tout naturellement avec ce sens, laissant dans l'ombre la définition du § 69 qui, puisée directement ou indirectement à un traité plus ancien, donnait au mot un autre sens qui avait ensuite vieilli. Pour remplacer la définition supprimée et faire la soudure entre la phrase *Sponsor... simile* et la définition du *praes*, Varron a mis un *itaque*. Assez maladroitement du reste. On ne voit pas trop quel sens utile il peut prendre, il a plutôt l'air d'une cheville introduite pour relier artificiellement les deux phrases, car ce n'est pas lui qui traduit exactement leur rapport logique, on s'attend plutôt à un *autem* ou un *vero* : le *sponsor* dit : *idem spondeo*, mais le *praes*, lui, dit : *praes* (*sum?*) (1). On peut constater dans les phrases suivantes les mêmes soudures un peu factices, résultant ici de l'emploi des expressions *a quo* et *ab eo* qui se succèdent à une ligne d'intervalle, donnant à toute cette partie du texte une allure un peu lourde et gauche qui avait déjà frappé Bechmann (2). Ces deux expressions sont chères à Varron, il les emploie constamment dans son *De lingua latina* pour relier les différentes parties d'un développement étymologique.

(1) Le mot ne se trouve ni dans Festus, ni dans Varron qui ont du reste dû puiser à une source commune, peut-être aux *Antiquitates*, (cf. Goetz, *Abhandlungen*, p. 73-74) ; cf. Mitteis, *Aus römischem*, p. 130.

(2) *Der Kauf*, I, p. 114, n. 2.

Il a peut-être rédigé en abrégé le texte qu'il avait sous les yeux, en substituant aux phrases qu'il supprimait ce lien un peu artificiel.

Ces indications que nous croyons être en droit de tirer de l'étude du texte ne nous permettent pas de préciser davantage ses origines. Nous croyons que Varron n'a pas créé de toutes pièces le § 74; nous croyons qu'il a puisé ses matériaux à une source autre que celle à laquelle il a emprunté les matériaux des § 69-73; nous croyons que, le texte dont il s'est servi, il l'a abrégé. Nous ne pouvons rien dire de plus. S'est-il servi d'un passage de ses *Antiquitates*, ou de son livre sur les origines de la langue latine, ou d'un recueil de grammairien, p. ex. Aelius Stilo, Cosconius? N'a-t-il pas plutôt utilisé un traité de jurisconsulte, M. Scaevola, Manilius? Nous inclinerions assez volontiers, vu l'allure si juridique du § 74, vers cette dernière solution.

B. — **Les solutions du § 74.** — Le texte, dans sa partie relative au *vas*, contient, à n'en pas douter, une partie générale : *Vas appellatus... daret*, et une partie spéciale : *A quo... dabitur*, consacrée au *vas* en matière de vente (1).

I. — Dans la première partie, la fonction du *vas* est indiquée dans deux phrases, dont la première contient une définition de mot, l'autre une explication de chose. Cette seconde phrase : « Consuetudo erat, cum reus parum esset idoneus inceptis rebus, ut pro se alium daret », peut s'interpréter de deux façons. Ou il s'agit là d'un défendeur (*reus*) qui, par suite du défaut d'aptitude requise (2) pour figurer à un

(1) Il n'est pas possible en effet, croyons-nous, de rapporter le texte, dès la phrase *Consuetudo*, au seul cas de vente. Quel que soit le sens dans lequel on entend le mot *reus*, il ne vise pas les seules personnes parties à la vente et, de plus, Varron semble bien ensuite rencontrer pour la première fois les vendeurs, puisqu'il éprouve le besoin de les désigner tout au long « ab his qui praedia venderent » et non par simple renvoi.

(2) Nous ne trouvons pas dans le *De lingua latina* de Varron, pas plus que dans son *De re rustica*, d'éléments de comparaison permettant de déterminer le sens exact du terme *idoneus*. Cicéron, dans les cas où l'usage qu'il fait de ce terme rappelle soit de loin, simplement par le substantif dont il est l'épithète, soit de près, par les circonstances de la cause à propos de laquelle il est employé, le côté juridique de l'expression, prend toujours ce mot dans le sens de : qualifié, valable, et non dans le sens spécial de : qualifié au point de vue de la solvabilité : 1) *auctor idoneus, In Verrem* A. II, III, 216;

procès entamé (*parum idoneus inceptis rebus*) (1), ou, suivant une autre variante possible (2), par suite d'inaptitude et le procès commencé (3), était amené à fournir un répondant ; ou bien il s'agit d'un débiteur (*reus*) qui, insolvable et une fois l'acte juridique accompli, avait à fournir un garant. Le langage du texte ne fournit guère d'argument dans l'un ou l'autre sens. Le mot *reus* peut s'interpréter également dans le sens de défendeur et dans celui de débiteur (4). L'expression *rebus in-*

judex, *A.* II, III, 138, *Pro Sulla*, 50 ; *testis*, *Verr. A.* II, IV, 62, *Pro Fonteio*, 16 ; 2) *In Caecilium*, 19 et 65, *Verr. A.* II, II, § 72, 107, *Pro Caecina*, 3. L'expression est encore employée dans le sens : d'aptitude, par Trebatius Testa, *P.* 69, cité par Ulpien, *D.* XXXX, 7, 3, 12 ; de solvabilité, par Labeon, *P.* 140, cité par Ulpien, *D.* XXXXII, 1, 4, 3, par Sabinus (?) *P.* 89, cité par Paul, *D.* XVIII, 2, 14, 1, si c'est bien le texte même de ces jurisconsultes que rapporte le citateur, cf. Gaius, *ad leg. XII Tab.* 4, *P.* 434, *D.* XXXXVII, 9, 9.

(1) En faisant dépendre *inceptis rebus* de *idoneus*, ce que fait Rudorff, *Zeits. für Rechtsgeschichte*, XI, 1873, p. 95, qui traduit : « wenn er sich dem Unternehmen nicht gewachsen fühlte ».

(2) En faisant de *rebus inceptis* un ablatif absolu. L'apposition d'une virgule entre *idoneus* et *inceptis* paraît bien être l'indice de la seconde interprétation, v. Brisson, *De verborum significatione*, au mot *Idoneus*, Halle, 1743, col. 564, l. 22-23 ; mais l'omission de cette virgule n'indique pas nécessairement qu'on adopte la première, v. Karlowa, *Römische Rechtsgeschichte*, II, Leipzig, 1901, p. 621.

(3) Les deux traductions sont possibles. Ici encore les éléments de comparaison tirés de la langue de Varron font défaut. Cicéron, quand il fait suivre l'expression *idoneus* d'un complément emploie plutôt la tournure *ad* que le datif, employé dans *ad Atticum*, VI, 19, 1 ; V. Pascal, *Dizionario dell'uso Ciceroniano*, Turin, 1899, au mot *Idoneus* ; v. encore Trebatius Testa (dans son texte ?) *P.* 69.

(4) L'expression *reus* qui, d'après la définition d'Aelius Gallus, rapportée par Festus (Bruns, *Fontes* 7, II, p. 32), désigne le débiteur par opposition au défendeur, lorsqu'elle est accompagnée du mot *promittendo*, était probablement employée déjà par Q. Mucius Scaevola, *P.* 44, cité par Celsus, *D.* XVII, 1, 48, comme désignant sans épithète le débiteur, tout au moins dans l'hypothèse où il est en même temps parlé d'un fidéjusseur auquel est opposé, sous le nom de *reus*, le débiteur principal. (L'expression *reus*, qui revient à plusieurs reprises dans le texte, en formant comme l'ossature, doit être de Scaevola ; v. sur l'attribution du texte même à Scaevola la préface de Bremer, *Jurisprudentiae antehadrianae quae supersunt*, I, Leipzig, 1896, p. 66-68). C'est encore en l'opposant à la caution que parleront du débiteur, sous le nom de *reus*, vraisemblablement Labéon, *P.* 33, cité par Ulpien, *D.* IV, 2, 14, 6 (la tournure directe de la phrase citée semble devoir la faire attribuer à Labéon plutôt qu'à Ulpien), moins sûrement Sabinus, *P.* 31, cité par Ulpien, *D.* IV, 8,

ceptis peut signifier également procès commencé ou acte juri-

29, *P.* 211, cité par Scaevola, D. XXXXVI, 3, 93, 3; sur l'expression *reus*
appliquée au débiteur v. encore : 1) Labéon (lui-même?) *P.* 274, cité par
Celsus, *D.* XII, 1, 42, 1, et par Ulpien, *D.* XXXXV, 1, 67, 1 (l'expression
est rapportée par les deux citateurs, mais Ulpien n'a-t-il pas eu sous les
yeux le seul texte de Celsus? c'est ce que trouve vraisemblable Jörs, *Real-
Encyclopädie* de Pauly-Wissowa, V, 1905, col. 1468, l. 16-18, 1477, l. 44);
2) et moins sûrement encore *P.* 290, cité par Ulpien, *D.* XIX, 1, 13, 23 (v.
Bremer, II, 1, 1899, p. 247, nº 129). D'autre part, Cicéron emploie parfois
le mot *reus* dans le sens de débiteur : non dans ses discours, ni dans
ses écrits philosophiques, le dépouillement des passages cités dans Merguet
nous le montre toujours employé dans le sens de défendeur ou d'accusé;
mais dans sa correspondance où nous l'avons trouvé deux fois : sûrement
ad Atticum, XII, 17, et, à peu près sûrement *ad Atticum*, VII, 3, 12. Le premier texte, qui a récemment attiré l'attention des romanistes (v. Lévy, *Sponsio*, p. 62), ne contient aucune expression qui puisse faire croire que Corni-
ficius était poursuivi par son créancier et qu'ainsi Cicéron en parlait comme
d'un défendeur. Et même l'eût-il été, il semble bien que Cicéron pensait à un rapport d'obligation et visait le débiteur pour lequel il aurait promis, lui, Cicéron. C'est ce sens de débiteur que donnent au mot *reus* du texte Karlowa,
Römische Rechtsgeschichte, II, p. 735, n. 1 et Appleton, *Zeits. der Savigny-
Stiftung*, T. 26, 1905, *R. A.*, p. 41, n. 1. Le second texte est corrompu.
Voici le passage, d'après l'édition Mueller : « Gener est suavis mihi, Tul-
liae, Terentiae. Quantumvis vel ingenii vel humanitatis, † satis; reliqua,
quae nosti, ferenda. Scis enim, quos † aperierimus. Qui omnes praeter eum,
de quo per te egimus, † reum me facere rentur. Ipsis enim expensum nemo
feret ». En ce qui concerne la phrase qui nous intéresse, *qui omnes... rentur*,
plusieurs éditeurs lisent : *reum ne facerent*, par exemple Boot, *Epistolarum ad
Atticum libri, editio altera*, Amsterdam, 1886, p. 307, Mommsen, en note
dans les *Ausgewählte Briefe erk. v.* Hofmann, I, 7ᵉ édit., par Sternkopf,
Berlin, 1898, p. 202; d'autres : *reum me facere cogerentur*, Schmidt, cité d'après
Mueller, *Adnotatio critica*, p. LIX, ou : *viderentur*, Klotz, cité d'après Tyrrell;
d'autres lisent *rem* au lieu de *reum* : *rem me facere rentur*, Wesenberg, édit.
Teubner, II, 1873, p. 231 ; *rerentur*, Tyrrell, *The correspondence of Cicero*, III,
1890, p. 275. Il faut rejeter sans hésitation la version *rem* qui n'est pas dans
les manuscrits : version qui 1) n'indique que bien vaguement l'intention des prétendants que veut souligner Cicéron ; 2) parle au présent pour exprimer un fait
passé ; 3) enfin, n'appelle que trop indirectement la phrase *Ipsis enim...*,
laquelle semble cependant, comme le marque le mot *enim*, être la contre-par-
tie de la phrase précédente. Il faut rejeter également la version *reum me facere viderentur*, qui donne au mot *reus* le sens d'accusé, sens qui ne permet
pas d'établir entre elle et la phrase *Ipsis...* le rapport logique et nécessaire
souligné par *enim*. Seul, le sens de « reus » débiteur permet de comprendre
la phrase qui suit. Et voici, pensons-nous, le raisonnement de Cicéron. Il
vient de parler de Dolabella et a fait, en termes voilés « reliqua, quae nosti,
ferenda », allusion à la grosse dot qu'il a dû promettre à un gendre perdu

dique accompli (1). Quant à la solution même, un point, dans la conception d'un *vas* fourni par un défendeur, frappe immédiatement l'attention : donner un *vas* eût été, d'après le texte, l'affaire du seul défendeur *parum idoneus*. Et la pensée se reporte alors à l'époque formulaire. Le *vadimonium* formulaire est certainement l'héritier du *vadimonium* des actions de la loi ; le défendeur qui avait primitivement à fournir un *vas*, a eu plus tard à fournir un *sponsor* ; pourquoi n'aurait-ce pas été suivant la même distinction ? Les textes relatifs au *va-*

de dettes. Cela, il faut le supporter, dit-il, car les autres, sous ce rapport, ne valent pas mieux, ils ne penseraient, eux aussi, qu'à me rendre débiteur. Débiteur de quoi ? de quelle façon ? Cicéron ne pense probablement pas que s'ils avaient épousé sa fille ils eussent pu trouver de l'argent sous la garantie de leur beau-père, car il aurait écrit *sponsorem* et non *reum*, et n'eût pas dit : « *Ipsis* enim expensum nemo feret ». Pense-t-il que ces aspirants se seraient adressés à lui pour se faire prêter de l'argent ? Pas davantage ; il n'aurait pas écrit *reum facere* pour exprimer ce rapport. On peut hésiter entre deux explications. Ou bien Cicéron a voulu dire que ces prétendants l'auraient rendu débiteur en ce sens que, *à lui*, on lui eût prêté de l'argent qu'il leur aurait ensuite versé, tandis qu'à eux-mêmes, *ipsis*, personne ne leur eût rien prêté. Ou, ce qui nous paraît plus simple, Cicéron pense qu'ils se seraient adressés à lui pour se faire non pas prêter, mais promettre de l'argent, à titre de dot. Autrement dit, ils n'auraient pensé qu'à une chose, faire sans cesse augmenter la dot de sa fille, au moyen de promesses nouvelles. Comment Cicéron a-t-il traduit sa pensée ? La version *reum me facere cogerentur* ne nous semble pas heureuse, l'idée exprimée par *cogere* n'a rien à faire ici où il s'agit de critiquer les intentions et le caractère de ceux « quos aperuerimus » (v. sur ce point, la bonne remarque de Tyrrell). *Reum me facerent* nous paraît, comme à Tyrrell, ne pas serrer le manuscrit d'assez près. Les versions *reum me facere rentur* ou mieux encore *rerentur* nous paraissent les plus acceptables.

(1) Voigt, *Ueber das vadimonium*, Leipzig, 1881, p. 308, le rapporte aux obligations ; Karlowa, II, 621, suivi par Fliniaux p. 22, au procès commencé. Ici encore nous n'avons trouvé dans aucun texte des éléments de comparaison. Si Varron ou le jurisconsulte qu'il cite a voulu viser soit l'un, soit l'autre en particulier, c'est plutôt l'acte juridique que le procès. En effet l'emploi du mot *inceptis rebus* pour désigner le procès étonne sous la plume d'un juriste, car il est équivoque. Le lecteur peut comprendre que le procès est déjà arrivé à la *litis contestatio*, car les jurisconsultes se servent sinon de la même expression, nous ne l'avons pas relevée, au moins d'expressions bien analogues, *lite cœpta*, *judicio cœpto*, pour exprimer qu'il y a *litis contestatio* ; or, ce n'est évidemment pas ce cas que vise le texte. Le caractère vague et très général de l'expression nous paraît de nature à faire croire que Varron a voulu désigner l'un et l'autre, l'action juridique en général, ce que nous appellerions aujourd'hui du nom d'affaires.

dimonium formulaire n'en contiennent pas de trace. Mais d'autre part, peut-on objecter à la conception du *vas* garant d'un paiement, comment Varron, qui vient, pour définir le *vas*, d'écrire le mot *vadimonium*, ce mot qui, déjà à son époque (1) et dès auparavant (2), a un sens technique extrêmement précis, visant la comparution en justice, a-t-il pu dans une phrase qui semble développer la première et aussi dans celles qui suivent, attribuer au mot un tout autre sens, faire du *vas* non plus le garant d'une comparution du défendeur, mais bien celui du paiement par un débiteur? Si de tels *vades* ont pu (3), dans une mesure plus ou moins large (4), exister dans l'ancien droit romain, ce qui ne nous semble pas probable en face de la tradition constante qui, dès le vi^e siècle, nous les montre garants de comparution, et de celle qui assigne aux *sponsores* le rôle de garants du paiement, ce n'est pas sur le texte de Varron qu'on peut l'appuyer. Pas plus qu'on ne peut fonder sur lui une autre conception (5), celle d'après laquelle l'obligation du *vas* aurait été le moyen pour celui qui voulait s'engager de se rendre indirectement débiteur par l'octroi de *vades* alors qu'il ne pouvait engager directement sa propre personne : le *vas* en effet, d'après Varron, est fourni par le seul *reus parum idoneus,* le *reus idoneus* n'a pas à le fournir, il n'en est pas moins *reus.*

A notre avis, dans cette première partie du texte de Varron, un point est acquis : le *vas* promet une comparution en justice. A ce point de vue, le mot *vadimonium* de la définition commande le sens de la phrase *consuetudo.* Mais à ce point de vue seulement. Une autre question reste à trancher. Dans quelles conditions le *vas* promet-il la comparution en justice? Est-il le *vas* d'un défendeur? ou celui d'un débiteur? La partie

(1) Les textes de Cicéron contenant le mot *vadimonium* sont réunis dans Fliniaux, aux notes des pages 43 et 44.

(2) Loi agraire de 643, l. 34, Girard, *Textes*³, p. 52, Bruns, *Fontes*⁷, I, p. 80, et dès la seconde moitié du vi^e siècle, Plaute, *Curculio*, 162, *Epidicus*, 685.

(3) Ce qu'inclinent à penser Lenel, *Zeits. Sav.-St.*, t. 23, 1902, p. 98, Mitteis, *Aus römischem*, p. 115 et d'autres, v. Fliniaux, p. 19, n. 1.

(4) V. Mitteis, p. 115-117, Cuq, *Institutions* I², 1904, p. 120, n. 3.

(5) Qui semble être celle de Lenel, p. 97-98, qui est celle de Mitteis, p. 123 ; cf. Bekker, *Zeits. Sav.-Stift.*, XXX, 1909, R. A., p. 50-51, 53-54.

générale du texte de Varron avec soit l'une (*reus*), soit l'autre (*inceptis rebus*) de ses expressions à double sens, ne permet de rien affirmer. C'est la partie spéciale du texte qui, contenant une application du principe à la vente par mancipation, va nous éclairer sur ce principe même. Etudions-la.

II. — Trois points sont à préciser. Qui fournissait la garantie ? Quel en était l'objet ? A quel moment intervenait-elle ?

Sur le premier point la presque unanimité des auteurs (1) est d'accord : celui qui dans la *mancipatio* donnait à l'autre partie un *vas*, c'était le vendeur, et c'est l'acheteur qui le recevait. Nous reviendrons sur ce point. Supposons pour l'instant qu'il s'agisse dans le texte d'un *vas* fourni par le vendeur.

A. *Vas fourni par le vendeur*. — a) *Objet*. — Nous retrouvons ici, en ce qui touche la fonction du *vas*, les deux idées du *vas* garant de comparution ou garant de paiement. Il est nécessaire, avant de les discuter, de les préciser l'une et l'autre.

1. On peut d'abord penser que le *vas*, continuant à jouer ici le rôle de garant de comparution qu'il jouait dans la phrase précédente, garantirait à l'acheteur la comparution en justice du vendeur. Dans quel procès? Évidemment dans le procès en éviction intenté par un tiers contre l'acheteur, procès auquel le vendeur devrait intervenir pour prêter à l'acheteur son assistance, son *auctoritas*. Et c'est en effet à cette idée que s'arrêtent un certain nombre d'auteurs (2). Seulement il faut s'entendre. Qui veut voir dans le *vadimonium* du procès en éviction une application du *vadimonium* général, un procédé de comparution, doit borner à cela le rôle du *vas*. Le *vas* doit garantir la comparution du vendeur mais il ne doit garantir qu'elle, il ne garantit ni que le vendeur comparu sera *auctor*, encore moins qu'il fera triompher l'acheteur ou qu'il paiera le double du prix au cas de défaite de celui-ci; sa mission

____

(1) Principaux auteurs dans Fliniaux, p. 19 et suiv. Aj. Cuq, *Institutions*, I², p. 120, texte et n. 3. Nous ne connaissons que deux dissidences : Lachmann, *Zu Varro, Rhein. Mus.*, 1839, p. 124. = *Kl. Schrift.*, II, 178, admet la réciprocité de la garantie; Canal, *Libri di Varrone intorno alla lingua latina*, Venise, 1874, col. 124, donne une traduction du texte d'après laquelle le *vas* aurait été fourni par l'acheteur.

(2) Bechmann, *Der Kauf*, I, Erlangen, 1876, p. 114, Karlowa, *Römische Rechtsgeschichte*, II, p. 374-375, 621. Fliniaux, p. 23.

est remplie, il est libéré, quand il a produit le vendeur *in jure*. Au reste si le *vas* doit, pour rester lui-même, se borner à jouer le rôle de garant de comparution, rien ne l'empêche d'autre part de limiter à cela ses désirs. Qu'il ne craigne rien. Garantir que le vendeur comparaîtra ne l'entraîne nullement à garantir que le vendeur comparu sera *auctor*. Ces deux actes, comparaître et être *auctor*, l'un appartenant à la technique procédurale ordinaire, l'autre à la technique de la vente, sont très nettement distincts dans le vieux droit des actions. Cette distinction est bien marquée par la formule célèbre : QUANDO IN JURE TE CONSPICIO, POSTULO, ANNE FAR (1) AUCTOR (2). Le vendeur a comparu, il est *in jure*, il n'est pas encore par cela même *auctor*, on (3) est obligé de lui demander s'il le sera. En comparaissant il n'a même pas encore commencé à exécuter l'acte qui consiste à être *auctor*, il a simplement accompli l'acte que doit accomplir tout défendeur poursuivi en justice par un demandeur; l'acte qui consiste à être *auctor* reste tout entier à accomplir; il pourra se refuser à l'accomplir, répondre négativement à l'interrogation de l'acheteur, lui dire : je suis *in jure*, je comparais, cependant je ne suis pas *auctor*; je comparais, donc j'accomplis mon devoir procédural, je libère ceux qui avaient promis ma comparution, je me libère moi-même de ce que j'avais promis au cas où je ne comparaîtrais pas; mais je ne suis pas *auctor*, je n'exécute pas mon obligation de vendeur, peut-être parce que j'ai à cela de bonnes raisons que je me réserve de faire valoir.

2. L'étendue de l'obligation du *vas* se rapportant au *praestare auctoritatem* du vendeur (4) aurait également besoin d'être précisée (5). Le *vas* garantit-il simplement que le vendeur

----

(1) Il est généralement admis que *far* = *fuas*, v. Bechmann, *der Kauf*, I, p. 112, n. 1, Girard, *Nouvelle revue historique*, VI, 1882, p. 184, = *Etudes historiques sur la formation du système de garantie d'éviction en droit romain*, Paris, 1884, p. 5, texte et n. 3, Pflüger, *Die legis actio sacramento*, Leipzig, 1898, p. 39.

(2) Valerius Probus, [*De juris notarum*], 3, 4, 7, Girard, *Textes³*, p. 198.

(3) L'acheteur ou le revendiquant ? V. Pflüger, à l'ouvrage cité, p. 39.

(4) Opinion de Lenel, *Zeits. Sav.-Stift.*, t. 23, 1902, p. 97, texte et n. 3, Cuq, *Institutions* I², p. 120, texte et n. 3; cf. Mitteis, *Aus römischem*, p. 115-116, texte et n. 1 de la p. 116.

(5) Une autre question également se pose pour ceux qui voient dans le

assistera l'acheteur ou bien qu'il l'assistera efficacement, se

vadimonium du vendeur un *vadimonium* spécial, la garantie d'exécution d'une obligation du vendeur. D'où viendrait-elle? Etait-ce une vieille coutume, ou une simple pratique, un usage? La partie du texte relative à la vente ne fournit aucune indication à ce sujet. La phrase antérieure parle de *consuetudo*. Quel est son caractère? L'acheteur avait-il le droit d'exiger du vendeur la constitution des *vades*? (V. Karlowa, *Römische Rechtsgeschichte*, II, p. 621, Lenel, *Das edictum perpetuum*, 2ᵉ édition, Leipzig, 1907, p. 523-524, texte et n. 3 de la p. 523). Tirait-il de l'accomplissement même de la *mancipatio* un droit aux *vades*? Le mot *consuetudo* ne nous fournit aucun indice. Car les textes, juridiques ou littéraires, l'emploient aussi bien dans le sens d'usage, de pratique courante, que de coutume véritablement obligatoire. Aucun autre passage du *De lingua latina*, pas plus que du *De re rustica* ne nous fournit à ce sujet d'éléments de comparaison. Cicéron, dans son *Pro Roscio comoedo*, 37, emploie le mot dans le sens de pratique, usage. D'autres textes, postérieurs il est vrai, donnent au mot ce même sens : peut-être Gaius, *Ad edict. prov.* 10, *P.* 243, *D.* XXI, 2, 6, (*sic*, Puchta, *Das Gewohnheitsrecht*, I, Erlangen, 1828, p. 76, n. 5, *contrà*, Brie, *Die Lehre vom Gewohnheitsrecht*, I, Breslau, 1899, p. 10, n. 17, p. 22, n. 14), et, en tout cas, certainement Scævola, *Dig.* 22, *P.* 94, *D.* XXXIII, 1, 21, *pr.* (2ᵉ fois); Paul, *Quaest.* 25, *P.* 1422, *D.* XXII, 1, 11, *pr.*; Ulpien, *Ad ed. cur.* 1, *P.* 1782, *D.* XXI, 1, 31, 20 et sur ce texte, Brie, p. 11, n. 21. Tous ces textes y compris celui de Varron qui s'y trouve indiqué col. 555, l. 42-43, sont rangés par le *Thesaurus linguae latinae*, au mot *Consuetudo*, sous la rubrique I *Generaliter syn. mos, institutum*; seul le fr. 31, § 20 est rangé, à tort selon nous, sous la rubrique II *De jure*, col. 558, l. 38. (Il ne sera peut-être pas inutile de noter un certain nombre de citations inexactes ou incomplètes que nous avons relevées sous l'article *consuetudo* : col. 557, l. 21, lire Scaev., dig. 33, et non 23; l. 22, Ulp., dig. 28, 1, 21, 1, et non Scaevola; l. 23-24, Julian., dig. 5, 3, 54, 2, et non 5, 3, 34, 2; l. 78-79, Varro, ling. 10, 70 et non 10, 7 (le texte n'appartient pas d'ailleurs à la rubrique I, mais à la rubrique III); l. 79, Corpus, XI, 5265 et non X, 5265; col. 558, l. 11, Rhet. ad Her. 2, 13, 19 et non 2, 13, 9; l. 21, 2, 13, 19, et non 2, 131, 9; l. 39, Mod. dig., 26, 7, 32, 6, et non 27, 32, 6; l. 46, Pomponius, dig. 1, 2, 2, 3 et non 1, 2, 2, 4). Le fait même, attesté par Varron, que les vendeurs ont senti le besoin de s'en décharger dans la *lex mancipii* n'est pas décisif dans le sens d'une coutume obligatoire, car, même en face d'une simple pratique, des vendeurs méfiants et désireux de couper court à toute chicane ont pu vouloir mettre dans la mancipation une clause précise les déchargeant de ce soin. Nous dirions même que cet usage attesté par le texte de ne plus fournir de *vades* nous paraît de nature à faire douter de son caractère de coutume obligatoire. Si l'obligation de fournir des *vades* naissait de la mancipation à la charge des vendeurs, comment aurait-on pu l'écarter directement? C'est un fait bien établi que l'*actio auctoritatis* qui, elle aussi, naît de la mancipation, ne peut être écartée directement et qu'on a dû recourir à des subterfuges pour en neutraliser l'exercice. N'en serait-il pas de même ici? Aurait-on pu aller directe-

rendant pour ce cas responsable du paiement du double du prix ? Il nous paraîtrait bien douteux qu'à l'époque à laquelle s'est formée la coutume dont parle Varron, on ait pu distinguer un peu subtilement entre le fait de défendre et celui de faire triompher l'acheteur. La lecture des rares passages où il est question de l'*auctoritas* du vendeur donne l'impression qu'il y a pour le vendeur un devoir unique, celui d'être *auctor* ; c'est pour assurer l'accomplissement de cet unique devoir d'assistance efficace qu'interviennent les *vades*. Enfin si les *vades* ont été les précurseurs de la *satisdatio secundum mancipium*, comme l'admettent, avec plus ou moins d'hésitation, certains auteurs(1), on doit retrouver dans cette *satisdatio* sinon toutes les règles(2), au moins les traits essentiels de la vieille garantie que formaient les *vades*. Et puisque la caution de cette *satisdatio* garantissait fort probablement l'obligation de défendre victorieusement l'acheteur, le *vas* devait fournir la même promesse.

ment à l'encontre de cette nécessité légale se produisant pour les mancipants ? On pourrait, il est vrai, à l'appui du caractère obligatoire de cette pratique, aller rechercher les textes classiques d'après lesquels le vendeur est, sauf clause contraire, obligé à fournir une promesse simple de garantie d'éviction, Paul, *Ad ed. cur.* 2, *P.* 849, *D.* XXI, 2, 56, *pr.* ; Ulpien, *Ad ed.* 32, *P.* 930, *D.* XXI, 2, 4, *pr.*, f. 37, *pr.* Ces textes présentent la solution comme n'allant pas de soi, comme contraire à l'opinion commune ; il y aurait dans ce préjugé populaire un souvenir de l'époque où les mancipants avaient à fournir des *vades*. Cette conjecture est, à première vue, très séduisante. Mais on peut admettre aussi raisonnablement que ce conflit entre le droit et l'opinion remonte à l'époque même de la mancipation et que les vendeurs, dès cette époque, ont protesté contre cette pratique dont on voulait leur faire une obligation. Mais ce qui surtout nous semble décisif contre l'idée d'une règle obligatoire, c'est que Varron la restreint expressément au vendeur peu *idoneus*. Or, l'obligation de fournir des *vades* aurait dû plutôt, nous semble-t-il, se rattacher, suivant les tendances de l'époque, à l'accomplissement des formalités de la *mancipatio*, donc être produite mécaniquement par toute *mancipatio*, un peu comme l'*actio auctoritatis*. Enfin comment eût été sanctionnée cette obligation pour le vendeur de fournir des *vades*? Avec une pratique de fait, rien de plus facile ; si la garantie n'a pas eu lieu, elle ne peut être exigée. S'agit-il d'un droit pour l'acheteur d'exiger du vendeur les *vades*, comment eût-il pu le faire valoir? Aurait-on considéré le vendeur ne les fournissant pas comme commettant un délit? Comment eût été réprimé ce délit? Quelle action l'acheteur aurait-il eu à sa disposition? Nous n'en trouvons pas trace.

(1) Bechmann, *Der Kauf*, I, p. 368, Karlowa, *Römische Rechtsgeschichte*, II, p. 375, 621, *i. f.*, Lenel, *Das edictum* 2, p. 523, n. 3.

(2) Lenel, *Das edictum* 2, p. 522.

3. De ces deux solutions ainsi précisées, *vas* garant de la comparution du vendeur, *vas* garant de l'*auctoritas*, laquelle est préférable? La dernière soulève de graves difficultés. Varron, au début du texte, veut définir le terme *vas*, et il le définit par le *vadimonium*. Or ce mot, à l'époque de Varron, a un sens technique, il désigne la promesse de comparaître en justice. On s'attend donc à ce que Varron qui va parler à ses lecteurs d'un *vadimonium* aujourd'hui disparu, va les mettre en garde contre une confusion possible, souligner, ne fût-ce que d'un mot, la différence entre les deux *vadimonia*. Son silence semble assez étrange. Puis nous ne nous expliquons pas pourquoi il n'y aurait eu que les vendeurs d'immeubles à déclarer qu'ils ne fourniraient pas de *vades* à l'acheteur. Nous n'apercevons pas non plus pourquoi ces vendeurs d'immeubles en auraient été dispensés. On ne l'aperçoit pas déjà beaucoup si le *vas* était fourni au moment du procès en éviction. Comment le vendeur aurait-il pu raisonnablement déclarer à l'avance qu'il ne fournirait pas, lors du procès en éviction, de *vades* pour le cas où il serait *parum idoneus*? Et comment les acheteurs auraient-ils pu accepter une pareille clause? C'est encore plus singulier si le *vas* était fourni lors de la mancipation. Le vendeur est suspect, et ce vendeur, le seul qui ait d'après Varron à fournir le *vas*, va s'affranchir de cette obligation? Autant nous comprendrions que les vendeurs aient senti le besoin de réagir contre les prétentions que pouvaient avoir les acheteurs, soutenus par l'opinion, de leur demander *à toute éventualité* des garants d'éviction, autant nous comprenons peu que cette pratique n'ait pas subsisté, si elle avait été limitée, comme le dit expressément Varron, au vendeur non qualifié, *parum idoneus*.

Nous restons en face de la doctrine du *vas* garant de comparution; avant d'en faire la critique, il faut nous demander à quel moment ce *vas* aurait été fourni par le vendeur.

b) *Moment*. — On a conjecturé que ç'aurait été à l'avance, lors de la *mancipatio* (1); il eût été fourni éventuellement pour le cas où l'acheteur serait par la suite l'objet d'un procès en éviction. Karlowa (2) a essayé de rejeter cette solution par des arguments

(1) Bechman, *Der Kauf*, I, p. 114.
(2) *Römische Rechtsgeschichte*, II, p. 621.

dont plusieurs ne nous paraissent pas convaincants (1). Mais elle soulève cependant certaines difficultés. L'expression *reus* dont se sert Varron pour indiquer la personne appelée à fournir le *vas* ne convient guère au mancipant qui n'est encore, lors de la mancipation, ni défendeur ni débiteur. De plus le *vas* de Varron n'est fourni que par le *reus parum idoneus*. Si le vendeur avait eu à fournir le *vas* au moment de la *mancipatio*, c'est tout vendeur, *idoneus* ou non, qui aurait dû être tenu de cette obligation, car on ne sait pas encore au moment de la *mancipatio* si le vendeur sera *idoneus* au moment où il serait utile à l'acheteur qu'il le fût, c'est-à-dire au moment du procès en éviction. En outre il nous semble que le sort de cette institution aurait été moins lié que ne l'affirment les textes à la procédure des actions de la loi. Si le *vadimonium* avait été une opération juridique s'accomplissant en dehors de toute procédure, un acte accompagnant sinon toujours, au moins assez souvent la *mancipatio*, il eût dû rester attaché à la *mancipatio* après la chute des actions de la loi. Sans doute la façon dont le *vas* eût été poursuivi eût changé, les formes de l'action eussent été modifiées comme toutes les formes procédurales tenant au système des actions de la loi, mais l'institution elle-même n'eût pas dû être touchée par ces changements de procédure.

Le *vas* garant de la comparution du vendeur n'était pas fourni au moment de la *mancipatio*, il ne l'était qu'après. A quel moment? Évidemment au cours d'un procès, lors du procès en éviction intenté par le tiers (2). Ce n'est qu'à ce moment que l'acheteur peut se plaindre au vendeur et lui demander de venir être *auctor* et que pour lui se présente l'occasion de demander au vendeur de comparaître et de fournir des garants de cette comparution.

Nous voici, à la suite d'éliminations successives, en présence de la doctrine suivante. Le *vas* de la seconde partie du texte de Varron est fourni par le vendeur au moment du procès en

---

(1) Il invoque par exemple l'expression *inceptis rebus*, susceptible de plusieurs sens. Nous ne croyons pas non plus qu'il soit de l'essence du *vadimonium* qu'il contienne une promesse de comparaître à jour fixe, promesse qui serait irréalisable dans l'espèce.

(2) En ce sens Karlowa, *Römische Rechtsgeschichte*, II, p. 621; Girard, *Manuel*⁴, p. 748, n. 1; Fliniaux, p. 22.

éviction, il garantit que le vendeur comparaîtra en justice à l'effet de fournir à l'acheteur son *auctoritas*, mais non que le vendeur fournira cette *auctoritas*.

c) *Critique*. — Seulement cette doctrine elle-même n'est pas à l'abri de toute objection. Elle rencontre dans le texte de Varron ainsi entendu deux difficultés. 1. Tout d'abord les vendeurs auraient fait admettre qu'ils ne fourniraient plus de *vades*. Mais cela est-il possible ? A-t-on pu valablement stipuler qu'on ne fournirait plus de *vades* ? Le *vadimonium* est une institution procédurale qui devait faire partie intégrante du système des actions de la loi, puisque, sous la forme de l'octroi des *vades* sous laquelle il s'y présentait, il a été emporté avec elles. Le demandeur qui tenait de la loi elle-même le droit d'exiger du défendeur la constitution du *vas* pouvait-il se voir repoussé par une convention antérieure déclarant que la constitution n'aurait pas lieu ? Les parties pouvaient-elles rayer des formalités procédurales le *vadimonium* (1)? Et même ont-elles eu l'idée de le faire? Puis, à supposer même que cette convention ait été possible, il faudrait expliquer pourquoi on l'a faite. Nous comprendrions que, dans certaines conditions tout au moins, les vendeurs aient refusé de donner un garant de l'exécution par eux de leur obligation de garantie; nous comprendrions que la pratique volontaire de la constitution des *vades* ait été neutralisée par une pratique contraire (2). Mais pourquoi les vendeurs auraient-ils songé à se soustraire à une obligation qui ne leur était pas spéciale, et qui n'était pas conventionnelle, à l'obligation légale commune à tous les défendeurs ? Et ce désir devient encore plus étrange si l'on remarque que, d'après le texte, seul le *reus parum idoneus*, disons le défendeur suspect, y était assujetti. Il aurait donc, lui, vendeur, déclaré que dans le cas où il serait un défendeur suspect, il se

---

(1) On peut encore donner à l'objection une autre forme. Si l'on voit dans la constitution du *vas* par le vendeur, comparaissant pour être *auctor*, une des conditions du fonctionnement de l'*actio auctoritatis*, on peut se demander comment les parties auraient pu supprimer ce rouage de l'action, alors qu'elles n'ont pu supprimer l'action elle-même et qu'elles ont dû recourir à des subterfuges pour neutraliser les effets de son exercice.

(2) La chose irait moins facilement si les acheteurs avaient tenu ce droit de la coutume même (un des sens possibles du mot *consuetudo*).

déroberait à ce devoir et l'acheteur eût accepté une pareille condition (1)! 2. Nous apercevons une autre difficulté. Pourquoi le vendeur de meubles *res mancipi*, qui lui aussi avait à fournir des *vades* quand il était *parum idoneus*, n'aurait-il pas essayé de faire insérer dans la *lex mancipii* cette clause que Varron ne signale cependant que pour les vendeurs d'immeubles? La raison d'être d'une telle différence nous échappe.

Si ces motifs paraissent de nature à faire douter que le *vas* dont parle Varron ait garanti le fait de la comparution du vendeur au procès en éviction, si d'autre part on admet, ce que nous croyons plus fermement encore, qu'il ne garantît pas l'obligation pour le vendeur de *praestare auctoritatem*, qu'est-ce donc qu'il pourrait garantir?

Nous désirons formuler à ce sujet une hypothèse et nous demandons qu'on veuille bien la regarder comme telle. C'est l'acheteur qui fournirait le *vas*, et le *vas* fourni par l'acheteur garantirait la comparution en justice de ce dernier.

B. *Vas fourni par l'acheteur.* — Essayons de pénétrer la pensée de Varron. En disant tout d'abord du *vas* : « vas appellatus, qui pro altero vadimonium promittebat », Varron a voulu renseigner ses lecteurs sur le nom qu'on donnait autrefois à celui qui promettait la comparution d'autrui en justice : celui, dit Varron, qui promettait pour autrui le *vadimonium* — c'est-à-dire, dans la langue technique absolument précise de son époque, la comparution en justice — portait anciennement le nom de *vas*. Varron, dans cette phase de début qui domine tout le texte, se place sur le terrain de la comparution en justice. Et là ou plutôt les fonctions que la suite du texte va assigner au *vas* seront toujours des fonctions de comparution. Mais lesquelles?

Tout d'abord Varron indique la fonction ordinaire du *vas*, le *vas* comparaissant *in jure*. Ceci résulte nettement de la première phrase : *Vas appellatus....* Ceci peut aussi résulter de la seconde : *Consuetudo...*, dont les termes : *reus, inceptis rebus*, sont assez larges pour comprendre cette fonction du *vas*.

Mais Varron n'assigne pas au *vas* que cette fonction. Par la phrase *Consuetudo* il lui assigne soit en même temps que sa

____

(1) Cf. Bechmann, *Der Käuf*, I, p. 113.

première fonction, soit à la suite de la première et en dehórs d'elle, un autre rôle. 1) En même temps, si, en écrivant la phrase *Consuetudo*, Varron écrivait pour le grand public : alors, pressentant qu'il ne sera pas compris suffisamment de ses lecteurs en disant simplement : « vas appellatus qui pro altero vadimonium promittebat », et qu'il faut leur donner des explications complémentaires, il les leur donne, mais dans des termes d'une largeur telle qu'ils abritent à la fois les deux fonctions antiques du *vas*. 2) Ou bien, et ceci nous paraît plus conforme à l'allure générale de son livre et à sa méthode d'exposition, Varron, s'adressant à un public lettré, sait qu'en écrivant sa phrase : « vas appellatus qui pro altero vadimonium promittebat », il lui a fait suffisamment connaître la première fonction du *vas*, parce que, si ce public peut à la rigueur ne pas savoir ce que c'est qu'un *vas*, emporté avec le reste de la procédure par la loi Aebutia, il sait tout au moins ce qu'est un *vadimonium*, il est éclairé quand on lui définit celui-là par celui-ci. Mais ce qu'il ne connaît peut-être pas, ce même public, ce qu'il importe encore de lui rappeler, en dehors de ce premier point sur lequel sa religion est suffisamment éclairée, c'est une autre fonction du *vas*, également relative à la comparution, fonction aujourd'hui disparue, mais que Varron, avec son amour de l'antiquité, a été rechercher précisément pour la remettre en lumière, a peut-être déjà remise en lumière dans un autre traité, ses antiquités par exemple, d'où son texte du *De lingua* pourrait bien être extrait.

Quelle est donc cette seconde fonction de comparution en justice ? Varron nous l'indique. Un acte juridique a été accompli et l'affaire est déjà commencée, en train : « inceptis rebus » ; affaire judiciaire, procès ? peut-être, mais, en tout cas, *en même temps* et plus probablement, *seulement* affaire non judiciaire (celle qui seule nous intéresse ici) ; c'est, par exemple, une obligation qui a été assumée. L'affaire est déjà conclue et le débiteur devient *parum idoneus*, il devient suspect au créancier, celui-ci redoute qu'il se dérobe aux poursuites, qu'au moment de l'échéance il n'ait plus personne en face de lui à qui il puisse demander le paiement, contre qui il puisse intenter la *legis actio*. Ah ! si le créancier avait eu soin de faire adjoindre un *sponsor* à son débiteur, il n'éprouverait pas cette crainte : le débiteur principal, il le sait, ne laisserait pas poursuivre le *sponsor*; de même que, pour un créancier, s'adresser d'abord au *sponsor* constitue une impertinence, comme le dira plus tard Cicéron (1), de même, de la part du débiteur, laisser poursuivre le *sponsor* constituerait un véritable abus de confiance qui soulèverait la réprobation publique. Mais notre créancier a été imprudent, il a laissé s'accomplir l'acte juridique sans demander de *sponsor*. La *res* est *incepta*, il est trop tard, un *sponsor* ne peut intervenir qu'au moment même où est contractée l'obligation principale (2). Que faire?

II y a les *vades*. Ce sont des personnes qui garantissent la

(1) *Ad Atticum*, XVI, 15, 2.

(2) La nécessité pour le *sponsor* d'intervenir en même temps que le débiteur principal, en un seul trait de temps, nous paraît très vraisemblable (dans le même sens, Girard, *Manuel*⁴, p. 748, n. 4, Lévy, *Sponsio*, p. 37 et suiv.; en sens contraire, Lenel, *Zeits. der Savigny-Stiftung*, t. 30, 1909, p. 338, n. 1). La réponse du *sponsor*, tout entière dans le mot *idem*, ne prend corps que par ricochet, par renvoi à la stipulation principale; facilement reconnaissable si la dette principale est contractée en même temps qu'elle, la dette accessoire ne se précise plus suffisamment si un intervalle les sépare. Le mot *consponsus* qui peut bien à l'origine, comme semble le prouver Varron, *De lingua latina*, VI, 69, avoir désigné le *sponsor*, pourrait bien faire allusion à la simultanéité dans le temps des deux situations. Mais nous nous demandons si l'on peut en outre tirer argument (cf. Girard, *Manuel* ⁴, p. 748, n. 4 *i. f.*, Lévy, *Sponsio*, pp. 37-38, 85, 88, texte et note 6, Wenger, *Zeits. der Savigny-Stiftung*, t. 28, 1907, *R. A.*, pp. 490, 491), de Gaius, III, 177 et 178. Gaius étudie la question de savoir quand il y a *novatio inter easdam personas*. Il relève qu'il faut dans la seconde stipulation, faite avec le débiteur principal (arg. des mots « sed si eadem persona sit, a qua postea stipuler » du § 177 qui commande le § 178), un *aliquid novi* qui, pour les Sabiniens, mais non pour les Proculiens, pourra résulter de l'adjonction d'un *sponsor* à cette seconde stipulation. En quoi ce texte peut-il être utilisé en faveur de la doctrine de la simultanéité d'engagement? 1) Bien évidemment il nous place en face de la pratique du renouvellement de la stipulation principale en vue d'y ajouter une *sponsio*; mais rien ne dit que cette pratique ait été une nécessité, on a pu avoir besoin de refaire la stipulation principale pour bien préciser l'obligation à laquelle on voulait rattacher le cautionnement. 2) La doctrine de la novation sinon inventée, tout au moins encore soutenue par les Sabiniens, serait née en vue de rendre valable l'adjonction postérieure d'un *sponsor*, adjonction qui, sans cette intervention de la novation, eût été impossible puisque, d'une part, la *sponsio* seule ne pouvait être faite après coup et que, d'autre part, sans l'idée de novation, la *sponsio* accompagnée de la stipulation principale n° 2 devait être nulle comme accessoire d'une stipulation nulle elle-même: elle est nulle, en effet, cette seconde stipulation principale,

comparution d'autrui en justice ; pourquoi ne les ferait-on pas intervenir ici ? Ils promettraient de produire en justice le débiteur que le créancier sent prêt à lui échapper. Sans doute c'est un pis-aller ; le créancier préférerait avoir un *sponsor* qui, lui, promet *idem* ; mais c'est déjà quelque chose pour lui d'être assuré de pouvoir poursuivre son débiteur et arriver à l'exécution sur la personne, exécution qui est au premier plan dans les préoccupations des créanciers des temps anciens, et qui est en même temps un puissant moyen de contrainte dont la menace forcera le débiteur à se mettre en mesure, en vue d'en éviter la réalisation, de payer son créancier. Sans doute les *vades* constituent une institution procédurale, en ce sens que leur constitution a lieu au cours du procès, *in jure*. Mais la pratique (*consuetudo*) n'a-t-elle pu les détourner de son but ? Non, si la loi des XII Tables et même si la coutume antérieure — car rien n'empêcherait que cette pratique ait pu se former dès avant les XII Tables — avait établi le *vadimonium* d'une façon tellement précise et rigide que l'on ne pût s'en servir qu'au cours d'un procès. Oui, si la loi s'était contentée, ce qui lui est bien souvent arrivé, d'indiquer le principe de l'institution sans descendre aux détails d'application. Ce ne serait pas le premier exemple que nous trouverions d'une institution détournée, dans un intérêt pratique, de sa fonction normale (1).

puisqu'elle n'est que la reproduction de la première (a). On peut cependant comprendre que, même en présence d'une *sponsio* possible après coup, les jurisconsultes aient voulu soustraire à la nullité une *sponsio* qui, par esprit de précision, scrupule ou habitude, avait été faite en renouvelant d'abord la stipulation principale.

(1) Pourquoi aura-t-on songé, pour remplir cette fonction, au *vas* plutôt qu'au *vindex* qui, lui aussi, se porte garant d'une comparution ? C'est que le *vindex*

(a) L'idée qu'une seconde stipulation semblable de tous points à la première était nulle au début, en faveur depuis Salpius, ne nous paraît pas en tout cas susceptible d'être très fermement défendue par le texte de Pomponius, *Ad Sab.* X, P. 566, D. XXXXV, 1, 18. Ce texte, qui se trouve dans un chapitre relatif à la vente, peut avoir été relatif à l'obligation de garantie des vices cachés (cf. Lenel, P. II, col. 113, n. 3, qui le rapproche d'un texte de Julien, *Dig.*, 15. P. 258, cité par Ulpien, D. XXI, 2, 32, 1), dans l'hypothèse où l'acheteur voudrait agir deux fois pour obtenir l'estimation du même vice prévu dans le contrat de vente sous deux noms ; il serait contraire à la bonne foi du contrat qu'il obtînt sous ce prétexte deux fois l'estimation du même vice ; ce serait contraire à la bonne foi du contrat, d'où c'est *ipso jure* que le vendeur *non tenetur*, et même l'expression *ideo jure* du manuscrit peut être maintenue, le mot *ideo* se rapportant à l'ensemble du développement antérieur dont une partie a dû être supprimée par les compilateurs.

Y avait-il là une coutume ou un simple usage ? Le sens du mot *consuetudo* ne permet pas de le préciser. Mais, même en présence d'une simple pratique, on conçoit que des gens méfiants, désireux d'éviter toute équivoque, de supprimer les difficultés qui pourraient surgir entre eux et leurs créanciers leur réclamant un *vas* après coup, sous prétexte qu'ils n'étaient plus *idonei*, aient voulu y échapper.

Parmi ceux qui y songèrent, se trouvèrent les acheteurs, lesquels formaient un lot important de débiteurs, et c'est peut-être pour ce motif que l'attention de Varron ou de sa source a été appelée sur eux et que, dans la fin de son texte où il termine son petit exposé historique, c'est eux qu'il nous signale. Les acheteurs, eux aussi, avaient dû, notamment quand ils avaient acheté à crédit, être amenés à fournir des *vades* lorsque, entre l'achat et le moment où ils étaient appelés à payer le prix, ils devenaient *parum idonei*. A partir d'une certaine époque, d'ailleurs contestée(1), les vendeurs avaient bien vu le droit de propriété sur la chose vendue leur demeurer jusqu'au paiement du prix, mais cela n'avait pas dû diminuer beaucoup la pratique existante, beaucoup de vendeurs désirant avoir sous la main la personne de l'acheteur lui-même, d'autant plus que la revendication de la chose vendue pouvait être rendue difficile si l'acheteur se dérobait aux poursuites. Malgré tout, les acheteurs finirent par résister à cette prétention des vendeurs de

ne serait pas l'homme de la situation. Le *vindex* est un individu qui a une attitude juridique agressive, il vient prendre la défense du défendeur et dire au demandeur que celui-ci commettrait une violence en continuant, dans les circonstances où il l'a commencée, l'*in jus vocatio* ; il fait opposition à l'*in jus vocatio*, cf. Girard, *Manuel*[4], p. 970, n. 3, Lenel, *Das Edictum*[2], p. 67 ; il n'est garant, pour ainsi dire, que par ricochet. Le *vas* n'a pas cette attitude et ne peut l'avoir, étant données les circonstances dans lesquelles il intervient, en face d'un demandeur qui a pratiqué jusqu'au bout l'*in jus vocatio* et qui a un droit sur la personne du défendeur. Le *vas* se présente comme offrant au demandeur de vouloir bien accepter sa garantie et abandonner en échange son droit à la détention préventive du défendeur ; il se présente uniquement comme offrant une garantie. Il est donc tout naturel que les acheteurs n'aient pas songé à donner aux vendeurs un *vindex* dont l'attitude ne répondait nullement à leur situation respective, et aient au contraire songé à constituer comme garant un *vas* dont l'unique fonction se trouvait être précisément de donner au vendeur la garantie qu'il désirait.

(1) Girard, *Manuel*[4], p. 288, texte et n. 2.

vouloir, le contrat une fois formé, sous le prétexte que les acheteurs devenaient suspects, exiger d'eux des *vades* ; la propriété de la chose vendue devait leur suffire. Et ils firent insérer dans la *lex* du contrat qu'ils n'auraient pas à fournir de *vades* avant le paiement du prix.

Comment s'y prirent-ils exactement ? Varron qualifie leur opération, dans deux phrases successives, de : *caveri lege*, et de : *adscribi in lege mancipiorum*. Quel que soit le rapport dans lequel se trouvent par ailleurs ces deux dispositions (1),

(1) La seconde vise certainement la *mancipatio* elle-même. D'ailleurs il ne peut s'agir évidemment ici de la *lex mancipii* au sens étroit, visant la constitution et la réserve d'une servitude (cf. Pernice, *Labeo*, III, 1, Halle, 1892, p. 97), pas plus du reste que, prise en ce sens étroit, la *lex mancipii* ne pourrait se rapporter à la clause touchant l'obligation du vendeur, en matière d'*auctoritas*, de comparaître ou d'être *auctor*. Mais rien à notre avis n'empêche que cette expression ait pu avoir un sens un peu plus large, ni qu'on ait pu y insérer des clauses qui, comme la nôtre, n'ont pas pour effet, à proprement parler, de produire des obligations positives telles que, par exemple, l'obligation de payer le prix, mais simplement de dénier au vendeur un droit, certain ou prétendu, contre l'acheteur. La *lex* de la phrase « A quo caveri... » n'est pas caractérisée aussi nettement. Le fait que Varron, à propos de cette *lex*, emploie le mot *venderent*, que, d'autre part, ce n'est qu'ensuite qu'il se réfère, et comme s'il en parlait pour la première fois, à la *lex mancipii*, peut donner à penser que Varron parlait, dans sa première phrase, de la *lex venditionis* qui devait contenir la clause relative aux *vades*, peut-être sous la forme de stipulation (*caveri*, cf. p. 559, n. 1), pour en venir ensuite à l'introduction de cette même *lex* dans la *mancipatio*. On comprendrait cependant aussi que Varron ait voulu, dans ces deux phrases, viser uniquement la *mancipatio*, en faisant allusion d'abord à la forme orale (*caveri*), puis à la clause écrite (*adscribi*). Cf. Bechmann, *Der Kauf*, I, p. 114, n. 2. C'est, en tout cas, à une clause d'un acte juridique, qu'il s'agisse d'une vente ou d'une mancipation, que le mot *lex* fait allusion dans notre texte. C'est l'opinion commune. Le *Thesaurus linguae latinae* cependant, par la façon dont il classe notre texte : Vol. III, fasc. III, 1908, *caveo*, col. 638, l. 81-82, paraît bien prendre le mot *lex* dans le sens d'une loi qui, pour l'avenir, aurait régi les ventes ; et, à première vue, l'emploi du subjonctif « venderent » semble confirmer cette manière de voir, faire allusion aux vendeurs futurs à l'égard desquels aurait été prise une disposition d'ordre général ; s'agissant au contraire de la simple indication d'un fait, d'une pratique qui se serait établie en matière de vente vis à vis des vendeurs, on s'attendrait plutôt à un « qui praedia vendebant ». Mais d'une part, le mot *cœptum* n'est pas l'expression qualifiée pour désigner un acte législatif et il l'est tout à fait pour désigner la formation d'une pratique individuelle. D'autre part, il peut y avoir dans l'emploi de *venderent* précédant presque immédiatement *darent* un cas d'attraction modale.

Varron, qui parle de ventes de *praedia*, entend bien nous dire
que ce fut vers des ventes se réalisant en fin de compte par
des mancipations que les acheteurs portèrent leurs efforts. Et
on le comprend très bien, si l'on admet l'opinion, à notre avis
la meilleure, d'après laquelle c'était aux vendeurs par mancipation que la loi des XII tables avait réservé jusqu'au paiement
du prix la propriété de la chose vendue. Mais les acheteurs ne
triomphèrent pas, tout au moins de suite, dans toutes ces ventes. Ce furent les acheteurs d'immeubles qui obtinrent gain de
cause. Varron ne parle pas des acheteurs de meubles. C'est
que, pour la vente de meubles, la réserve du droit de propriété
donnait au vendeur une garantie bien moins efficace, à raison
du caractère périssable du meuble, de la facilité avec laquelle
il peut vous échapper et de la grande difficulté qu'il y a à remettre la main sur lui. Aussi la pratique des *vades* se continua
pour les acheteurs de meubles, peut-être jusqu'au jour où les
débiteurs, devenus plus indépendants de leurs créanciers,
purent échapper à cette menace; et, en tout cas, la possibilité
pour les *sponsores* de venir s'ajouter après coup à la dette principale leur enleva toute raison d'être (1).

(1) A quel moment ne fut-il plus nécessaire d'accomplir en un trait de
temps les stipulations principale et accessoire ? Nous n'en savons rien. M. Lévy,
partant de l'interprétation que nous avons repoussée des §§ 177 et 178,
pense, p. 85, sans préciser de date, que ce sont les représentants de l'école
proculienne qui, les premiers, ont fait admettre la possibilité d'une *sponsio*
survenue après coup. D'autres (v. Girard, *Manuel* 4, p. 748, n. 4), trouvent
dans la loi Cicereia la preuve que les cautions pouvaient ne pas se connaître
et, par conséquent, qu'elles n'intervenaient pas nécessairement au moment
même de la stipulation principale. M. Lévy prétend le contraire. Pour lui,
au moment de la loi Cicereia et encore après elle, le *sponsor* devait s'engager en même temps que le débiteur principal. Il s'appuie sur Gaius III, 177,
178, qui, avons-nous vu, est étranger à la question. Sur d'autres objections
faites par lui, p. 87, v. Wenger, *Zeits. der Savigny-Stiftung*, t. 28, 1907, R.
A., p. 492, l. 11 et suiv. Nous ne pensons pas d'ailleurs que la loi Cicereia
implique que les *sponsores* pouvaient ne pas se connaître, donc s'obliger à des
moments et en des lieux différents (bibliographie de la question dans Lévy,
p. 86, n. 1-7; aj. Accarias, *Précis de droit romain*, II 4, Paris, 1891, p. 178,
n. 2). On a pu considérer que, pour les cautions, le fait d'être réunies, d'a-
voir en fait la possibilité : et d'entendre la stipulation principale, donc l'énon-
ciation de l'objet dû, et de compter le nombre des cautions, n'ait pas été
estimé suffisant. On a pu vouloir leur faciliter la tâche et mettre en jeu directement la responsabilité du créancier qui, lui, doit connaître et être en me-

Cette conjecture, d'après laquelle ce serait l'acheteur, et non pas le vendeur, qui eût fourni un *vas*, et pris ensuite l'habitude de déclarer qu'il n'en donnerait plus, ne nous paraît pas en désaccord avec l'ensemble du développement juridique. Quant au texte de Varron, il ne répugne pas à être interprété de cette façon, soit qu'on le conserve tel qu'il est (1),

sure d'indiquer l'objet de la dette et le nombre des cautions, en le forçant à préciser ces deux points par une déclaration publique et solennelle à laquelle se rattacheront les cautions comme à un document authentique pour calculer le montant maximum de leur part.

(1) 1) L'expression *caveri ab his* est très correcte, prise dans le sens de « on se précautionna » ou même « on stipula vis-à-vis des vendeurs ». L'expression *cavere ab aliquo* est employée dès cette époque, sinon par Varron, où nous ne l'avons pas trouvée ailleurs qu'au § 74, tout au moins par Cicéron, dans le sens de prendre ses mesures, s'assurer : soit par un acte d'une nature indéfinie, mais qui, tout au moins, a sa base dans un accord de volontés, *In Verrem* II, 2, 55, soit plus spécialement au moyen d'une stipulation, *Brutus*, 18. Nous la voyons employée également : 1º par les jurisconsultes, postérieurs, il est vrai, dans le sens de : obtenir une promesse par convention, Africain, *Quaest.* 9, *P.* 111, *D.* XXXIX, 2, 44, 1; ou par stipulation : Papinien, *Quaest.* 27, *P.* 323, *D.* XVIII, 7, 6, *pr.* ; Ulpien, *Ad edict.* 29, *P.* 873, *D.* XXXXVIII, 9, 7; Marcien, *Institut.* 8, *P.* 130, *D.* XII, 6, 39 (placé par le *Thesaurus*, col. 637, l. 11-12 sous la rubrique *securitatem, cautionem praestare*, et par le *Vocabularium jurisprudentiae romanae* I, Berlin, 1903, col. 641, l. 15-16 sous la rubrique *consulere, prospicere* ; le sens de « stipuler » n'est pas douteux, v. von Koschembar-Lyskowski, *Die Condictio als Bereicherungsklage*, T. I, Weimar, 1903, p. 113, II, 1907, p. 147-148, 163-164, 267); 2º et aussi dans les actes de la pratique, ainsi dans le *testamentum Galli*, II, l. 4-5, Bruns, *Fontes*[7], p. 310 où il a tout au moins le sens de : prendre les mesures nécessaires. Employé au passif, il se rapproche encore davantage du texte de Varron, au point de vue grammatical, dans un texte de Tite Live, XXIV, 2, 5 : « optimum visum est ad Hannibalem mitti legatos caverique ab eo, ut receptus Croto Bruttiorum esset », si l'on admet, comme le semble indiquer le classement du *Thesaurus*, col. 637, l. 19-20, que le mot *legatos* joue dans la phrase le rôle de sujet non seulement de *mitti*, mais de *caveri*, ce qui ne s'impose pas. (Signalons un certain nombre d'*errata* dans le *Vocabularium* : col. 641, l. 17-18, il faut lire : *Scaev.* 257, $\overline{31}$ et non 247, $\overline{31}$; col. 644, l. 14 : 378, $\overline{8}$ et non 738, $\overline{8}$; col. 644, l. 32, lire : 546, 7 au lieu de 546, $\overline{8}$; col. 646, l. 45 : 372, $\overline{33}, \overline{33}$ et non 672; col. 649, l. 39, lire : 912, $\overline{30}$ au lieu de 912, $\overline{40}$. Aux *addenda*, l'inscription (col. 1160) : p. 649, l. 39 del. 912, $\overline{10}$, est inexacte). 2) La phrase « vadem ne darent » semble, il est vrai, devoir se rapporter plus particulièrement aux vendeurs, à raison du membre de phrase « qui praedia venderent » dont le sujet appelle celui de « darent ». Mais cette nécessité perd beaucoup de sa force si l'on remarque que Varron a peut-être ici, comme il l'a fait plus loin en écrivant

soit qu'on y fasse un très léger changement (1) qui n'aurait
rien d'invraisemblable (2).

L. DEBRAY.

« vadem ne poscerent » pour reproduire la *lex mancipiorum*, voulu reproduire, sous la forme « vadem ne darent », la *lex venditionis*, de sorte qu'on
pourrait lire : A quo caveri postea lege coeptum est ab his, qui praedia
venderent : « Vadem ne darent ». Varron avait peut-être le texte de la *lex*
sous les yeux en rédigeant le sien, le texte ou du moins la mention qu'en
faisait l'auteur du texte dont son § 74 est une reproduction abrégée. Il a donc
très bien pu sans grande incorrection, alors qu'il venait de parler du débiteur
(*reus*) qui promet un *vas* et pensant encore à lui en tant qu'acheteur débiteur du prix, écrire, pour l'opposer à ceux à l'égard desquels la mesure de
précaution était prise, et dans la même forme : « vadem ne darent », « on
ne donnerait pas de *vades* », sans éprouver le besoin de préciser autrement,
et de la même façon impersonnelle dont il va user pour désigner ceux qui
n'auraient pas à en réclamer : « vadem ne poscerent ». Canal, avec lequel nous
nous sommes rencontré pour attribuer la phrase *A quo...* aux acheteurs,
donne sa traduction comme allant de soi, sans hésitation ni argument à l'appui.

(1) Le texte aurait porté: « vadem ne daret » au lieu de : « vadem ne
darent ». Dans ce cas, Varron, qui vient de parler du *reus* pour dire de lui :
« ut pro se alium daret », de ce *reus* qui est dans sa pensée le personnage
important et qu'il met en vedette, continuant à tenir sa pensée fixée sur lui
sous la forme d'un acheteur débiteur du prix, aurait écrit tout naturellement
au singulier : « vadem ne daret ».

(2) Le manuscrit de Florence qui sert de base à l'établissement du texte
contient, on le sait, bien des incorrections. Il ne serait pas téméraire de
supposer que la proximité de « venderent » ait amené le scribe à écrire
« darent ». On trouverait facilement dans le manuscrit d'autres exemples
de telles incorrections ayant pour cause possible le fait de l'assimilation
(cf. Gœtz et Schœll, *Prolegomena*, p. xxvi), par exemple (édit. Gœtz et
Schœll): V, 29, p. 10, l. 24 : *ad* (pour *at*) attiré par *ad* qui précède même
ligne ; V, 118, p. 36, l. 17 : *erant* (pour *erat*) attiré par *appellabant* qui précède, même l. ; VI, 71, p. 82, l. 13 : *quo* (pour *qui*) attiré par *quo* qui précède m. l. ; VII, 14, p. 96, l. 15 : *valde* (pour *valet*) attiré par *pervade* et
vade m. l. (cf. cependant, p. xxvi, l. 20) ; VII, 33, p. 103, l. 3 : *correctus* (pour
correptus) attiré par *rectus* (*recte* F) qui précède m. l. (cf. cependant p. xxvi,
l. 16) ; VIII, 26, p. 132, l. 1 : *aperta* (pour *apertam*) attiré par *aperta*, p. 131,
l. 28 ; IX, 16, p. 150, l. 14 : *ratione* (pour *rationem*) attiré par *consuetudine*
qui précède m. l. ; IX, 11, p. 172. l. 16 : *discrepant* (pour *discrepent*) attiré
par deux *conveniant* l. 15 et 16 (cf. cependant, p. xxvi, l. 5) ; X, 2, p. 174,
l. 11 : *quid* (pour *quod*) attiré par *quid* et *qui* qui précèdent, l. 10. Parfois
le copiste s'est corrigé lui-même (souvent au moment où il écrivait), p. ex. :
V, 104, p. 32, l. 2 : *hoc* attiré par *hic* m. l., et corrigé en *id* ; VI, 76, p. 84,
l. 8 : *dictum* attiré par *dictum* m. l., et corrigé en *dicitur*.

ERRATA

P. 533, note 2, ligne 3, *au lieu de :* p. 537, *lire :* p. 540.

P. 560, note 1, ligne 17, *au lieu de :* p. 559, *lire :* p. 562.

BAR-LE-DUC. — IMPRIMERIE CONTANT-LAGUERRE.

NOUVELLE
REVUE HISTORIQUE

DE

DROIT FRANÇAIS ET ÉTRANGER

PUBLIÉE SOUS LA DIRECTION DE MM.

Rodolphe DARESTE
Membre de l'Institut,
Conseiller honoraire à la Cour de Cassation.

Adhémar ESMEIN
Membre de l'Institut,
Professeur à la Faculté de droit de Paris,
Président de section à l'École pratique
des Hautes-Études.

Joseph TARDIF
Docteur en droit, Archiviste-Paléographe.

Maurice PROU
Professeur à l'École des Chartes.

Georges APPERT
Docteur en droit, Secrétaire de la Rédaction.

Cette revue paraît tous les deux mois par livraisons de **10** feuilles environ et forme chaque année un beau volume in-**8°** de mille pages.

Les trente premiers volumes parus (1877 à 1906) avec les Tables de la *Revue de Législation* et de la *Nouvelle Revue historique* (1870-1885), 1 brochure. . . . . **250** fr.

Chaque volume se vend séparément : 15 fr. de 1877 à 1889 et 18 fr. de 1890 à 1900.

Les Tables seules. . . . . **3** fr.

PRIX DE L'ABONNEMENT ANNUEL :

Pour la FRANCE. . . . . **18** fr. — Pour l'ÉTRANGER. . . . . **19** fr.

VIENT DE PARAITRE :   5e Année 1909

REVUE DE DROIT INTERNATIONAL PRIVÉ

ET DE

DROIT PÉNAL INTERNATIONAL

Fondée par **A. DARRAS**
Continuée par **A. de LAPRADELLE**
Professeur agrégé à la Faculté de droit de Paris, Associé de l'Institut de droit international

SOUS LE PATRONAGE DE MM.

A. LAINÉ
Professeur à la Faculté
de droit de Paris

A. WEISS
Professeur à la Faculté
de droit de Paris

A. PILLET
Professeur à la Faculté
de droit de Paris

DE BŒCK
Professeur à la Faculté
de droit de Bordeaux

E. AUDINET
Professeur à la Faculté
de droit d'Aix

E. BARTIN
Professeur à la Faculté
de droit de Paris

et avec la collaboration de jurisconsultes, magistrats et professeurs français et étrangers

Secrétaire de la rédaction : **P. GOULÉ**, Docteur en droit, ancien magistrat

Abonnement annuel :

France. . . . . **20** francs. — Étranger. . . . . **22** fr. **50**

BAR-LE-DUC. — IMPRIMERIE CONTANT-LAGUERRE.

9 782329 057521